Petit guide de survie

en improvisation théâtrale

Eric SOURD

Petit guide de survie
en improvisation théâtrale

Édition : BoD · Books on Demand,
31 avenue Saint-Rémy, 57600 Forbach, bod@bod.fr
Impression : Libri Plureos GmbH,
Friedensallee 273, 22763 Hamburg (Allemagne)
ISBN : 978-2-3225-6160-5
Dépôt légal : **Avril 2025**
Couverture réalisée par l'auteur sur Canva

Petit guide de survie

en improvisation théâtrale

« Il n'y a en art, ni passé, ni futur, l'art qui n'est pas dans le présent ne sera jamais. »

Pablo PICASSO

Table des matières

Tu remarqueras que ce livre n'utilise pas l'écriture inclusive ou très peu comme dans l'avant-propos par exemple. Pour des raisons de lisibilité et de simplicité, je l'ai écrit souvent au masculin car j'utilise la généralité et en langue française la généralité est souvent masculine (même si on dit « LA » généralité : le joueur, le comédien, l'acteur), mais tout ce qui est écrit ici est à lire, bien sûr, à tous les genres sans distinction.

Avant-propos

Bonjour ami lecteur, amie lectrice,

Si tu as ouvert ce livre, c'est que tu es curieux.se et que, sans doute, tu pratiques l'improvisation théâtrale, le théâtre spontané, improvisé, « l'impro ». Peut-être aussi ressens-tu le besoin de savoir qui est cet improvisateur qui se permet d'écrire un guide sur l'impro, ce gars « qui veut t'en apprendre ». Mais ce n'est pas pour « t'en apprendre » que j'ai écrit ces lignes.

Comme tout improvisateur.ice, je ne suis pas exemplaire, je suis parfois rude ou peu enclin à l'écoute, il m'arrive de tirer la couverture et d'éclipser mes camarades de jeu, pour être « dans la lumière ». Alors, ces lignes, je les ai d'abord écrites pour moi. Pour me rappeler les, parait-il, « fameuses » règles de l'impro, si tant est qu'on puisse parler de règles. Je parlerais plus volontiers d'outils, de pistes de jeu, de techniques de construction, de pistes de réflexion, de chemins de traverse ou de carrefour aux idées.

Et puis, au fur et à mesure de mes prises de notes, j'ai eu la prétention de penser qu'elles pourraient intéresser d'autres comédien.ne.s (joueur.se.s, jouteur.se.s, improvisateur.rice.s, acteur.rice.s, comme tu le voudras).

Alors, je me suis mis à les peaufiner pour te les proposer.

Tu l'auras constaté, je te tutoie. Je ne le fais pas par manque de respect, mais sans doute, faisons-nous partie d'une même communauté : la communauté qui se lance sur scène, sans texte, avec la prétention de faire passer au public un agréable moment, de lui faire vivre des émotions, de belles histoires et de le faire revenir voir nos spectacles parce que *« nous ne jouons jamais deux fois la même chose »*.

Ce petit guide, prends-le comme un ami qui te donne des sentiers à découvrir, qui t'aiguille, qui te souffle à l'oreille, qui te remet sur les rails quand tu penses que tu dérailles.
Il arrivera que tu sois en total désaccord avec ce qui sera écrit et ce sera ton droit le plus strict.
Parce que…

Tu ne trouveras pas ici, **LA** vérité.

Je n'ai pas la prétention de te donner de recette miracle. Rien ne peut expliquer pourquoi une improvisation fonctionne et pourquoi dans une situation identique, avec le même thème et les mêmes improvisateurs, cela « ne prend pas ». D'autant que chacun d'entre nous définira son propre mode de jeu, sans en faire la panacée.
Un improvisateur = une vision du jeu.
Ce livre est donc un reflet (sans doute parfois inexact) de ma vision du jeu (de ma vision telle qu'elle est actuellement, car elle évolue sans cesse). Même si on peut admettre qu'il existe, sans doute, des incontournables.

J'espère donc pouvoir te donner des pistes de réflexion, te poser des questions sans t'amener forcément toutes les réponses, te déposer au croisement ou au bord du chemin et que tu te fasses par toi-même ton propre itinéraire.

La vérité, c'est qu'il n'y a pas de règle, parce que TOUT peut fonctionner. Parce que, sur scène, tout peut arriver. Et même quand c'est « mal parti », même quand un comédien bloque le jeu, même quand l'histoire part dans tous les sens, toutes les situations peuvent s'améliorer, se retourner, surprendre, devenir merveilleuses... ou pas.

Loin de moi l'idée de conceptualiser de grandes théories ou de théoriser de grands concepts universels (cette phrase sera la plus intelligente de ce guide).

Il ne tiendra qu'à toi d'explorer le champ des possibles et de le faire à ta manière, d'explorer le travail de la voix, du corps. Il ne tiendra qu'à toi de savoir si tu préfères les formats courts, longs, entièrement improvisés, à demi écrits, avec ou sans canevas, en duo, en trio ou à douze comédiens...

J'ai tenté de classer les idées de ce guide par thème (avant, pendant et après le spectacle), de parler des ateliers, d'évoquer des thèmes dont on parle moins sous prétexte du « spontané », comme le corps, le personnage, la voix, la mise en scène, les intrigues, les histoires....

J'en ai oublié, sans aucun doute.

Tu n'es pas obligé.e de tout essayer, de tout appliquer, de tout apprécier. Le seul et unique but de cet « ouvrage » est de te proposer un panier garni.

Choisis ce qui te plaît et teste-le, mets de côté ce qui te plaît moins, te dérange ou ce en quoi tu ne crois absolument pas… Et mélange les ingrédients entre eux pour en faire « ta sauce ».

J'espère seulement, par ce guide, te livrer un certain nombre de notions ou d'idées qui pourront te permettre d'avancer quand tu te sens bloqué.e dans une scène.

J'aimerais également que tu prennes du plaisir à parcourir ces pages, qu'elles te soient profitables et que tu aies envie de les partager avec tes ami.es improvisateur.rices. Parce qu'avant tout « l'impro », c'est cela : un terrain d'échange bienveillant, de partage de jeu, de valeurs, de moments pendant lesquels TOUT peut arriver !

Et n'oublie pas la seule règle qui vaille :

L'improvisation ne s'apprend pas en lisant, mais en improvisant, en improvisant, en improvisant, en expérimentant, en testant, en jouant, en trébuchant, en profitant des accidents, en proposant, en construisant des histoires, seul.e, à plusieurs, en ateliers, sur scène…

En improvisant !

Alors, dès que tu le peux, pose ce livre et lance-toi, amuse-toi, joue !

IMPROVISE !

Bonne lecture

À propos...
de la sérendipité

L'impro, c'est Christophe COLOMB qui se fixe pour objectif d'aller en Inde et qui découvre l'Amérique.

L'une des meilleures définitions de l'improvisation pourrait être celle du mot **sérendipité :** « Capacité, aptitude à faire par hasard une découverte inattendue et à en saisir l'utilité » (Robert)

À quelle autre discipline pourrait-on appliquer cette définition ? Pour faire simple : « trouver autre chose que ce que l'on cherche ». Tu commences une impro en allant chercher une clé de douze dans ton garage pour réparer ta voiture, et tu finis dans l'espace aux côtés d'un chien qui parle.

Dans son ouvrage « Sérendipité, du conte au concept » (éditions SEUIL collection sciences ouvertes), Sylvie CATTELIN donne cette définition encore plus explicite :

« La sérendipité est l'art de prêter attention à ce qui surprend et d'en imaginer une interprétation pertinente ».

N'est-ce pas exactement une définition de l'improvisation ?

Avant Le spectacle

Le spectacle ne se limite pas à ce moment que tu vas passer sur la scène. Avant de jouer, il faudra sans doute faire de la communication pour attirer le public, contacter la presse, passer des annonces, créer des événements Facebook, publier régulièrement sur Instagram, envoyer du mailing, bref, parler et faire parler du spectacle. Tu iras peut-être sur les marchés pour distribuer des flyers, te faire envoyer balader par des badauds qui auront peur d'un tract politique ou tu feras le tour des colonnes Morris pour coller ton affiche (uniquement sur les endroits autorisés). Si vous êtes une grosse troupe, vous avez peut-être un féru d'informatique, une chargée de com ou une équipe de bénévoles (ou de salariés) pour gérer tout cela, sinon, ce seront directement les joueurs qui le feront. Un petit conseil : préservez-vous. Évitez la distribution de flyers sous la pluie deux heures avant le début du spectacle, pour « être sûr d'avoir quelques spectateurs supplémentaires ».

Tout cela peut créer du stress inutile. Vous devrez déjà gérer le joueur surexcité à trois semaines du show, celle qui déprime parce que les réservations ne décollent pas… Préparer la salle, le son et la lumière (parce que très souvent, tout le monde doit savoir tout faire, à moins d'avoir un staff ou du budget). Et surtout, tu devras gérer la personne la plus importante au monde : Toi.

À chacun de gérer son « avant spectacle », de trouver sa méthode.

Cette soirée, que représente-t-elle pour toi ?

Pour certains joueurs, il s'agira d'une soirée comme toutes les autres pendant laquelle ils feront le « job ». Pour d'autres, l'impatience de retrouver la scène, le plaisir de partager celle-ci avec de nouveaux comparses, ou l'occasion de retrouver de vieilles connaissances les met en ébullition. D'autres encore, pendant ces quelques jours, auront le cerveau qui bouillonnera, interrogera, posera des tonnes de questions et, pour les derniers, les quelques heures ou jours précédant le show donneront des vertiges voire des malaises.

« Je vais jouer…
Oui, mais je vais jouer quoi ?»

À chacun de trouver sa manière de gérer cet « avant ». Parce que jouer c'est aussi se livrer face à un public, faire rejaillir ce que tu as en toi, sur l'instant, depuis deux minutes, depuis une heure, depuis des semaines. Et tout cela, tu vas essayer de le maitriser, de le communiquer ou de le cacher.

Jouer, c'est ressentir ce moment de « Qu'est-ce que je fais là ? » à quelques secondes du spectacle.

Ces quelques instants précieux pendant lesquels vous allez vivre ce moment de communion entre improvisateurs notamment avant les matches (on se tape dans les mains, on se frotte le dos, on se fait des câlins… Si, si. En tout cas, avant la COVID, ça se passait comme ça).

La pression monte, la faim te gagne, l'envie d'aller aux toilettes pour te vider du stress se fait sentir.

Ne prépare rien

À quelques jours du spectacle, tu as préparé trois vannes qui tuent, un nouveau personnage, une idée « magique » que tu souhaites absolument placer dans une scène, un nouvel accent que tu as préparé devant ton miroir pendant des heures, en regardant un tuto YouTube…

Laisse tomber. Rien ne va se passer comme prévu. Avec l'ambiance, le trac ou la fougue, tu oublieras tout ça, pour la bonne cause. Celle de la spontanéité !

Prends tes marques

Quand tu arrives dans la salle, n'hésite pas à prendre tes repères, à découvrir ton terrain de jeu, à occuper l'espace, à t'y projeter. Observe les lieux.

Si tu le peux, monte sur la scène, compte le nombre de pas en long, en large, en travers.

Place-toi au centre de la scène, ferme les yeux, et écoute, ressens.   Ouvre les yeux et observe : la dimension de la salle, de la scène, les couleurs, les éclairages...

Profite de ce moment pendant lequel la salle vide et la scène sont tiennes.

Teste le niveau sonore de la salle, pour ne pas t'entendre dire « plus fort ! » dès ta première entrée en jeu.

Cette scène est ton « chez toi » pour un soir, alors fais en sorte de ne pas la découvrir deux minutes avant de jouer.

Invente-toi un rituel

Le rituel solo / Le rituel de groupe

Les comédiens célèbres ne manquent pas de rituels. Ils emmènent toujours une barre de céréales, le même objet fétiche, font les mêmes gestes avant d'entrer sur scène. Pourquoi est-ce que tu n'aurais pas les tiens ? Boire un verre d'eau, manger une banane, prier le dieu de l'impro...

Peu importe, le principal étant de t'aider à te concentrer. Certains n'ont besoin de rien, d'autres le font pour conjurer le trac.

En groupe, à chacun sa méthode : le massage énergique, les câlins d'équipe...

On se tape dans les mains, on se souhaite « bon match », « bon spectacle », on se dit un « On donne tout, mais avant tout on s'amuse et on se fait plaisir ! ». Bref, on motive les troupes !

Le trac

À une comédienne qui expliquait à Sarah BERHNARDT qu'elle n'avait pas le trac, celle-ci aurait répondu « Cela viendra avec le talent ».

Ce qui veut simplement dire qu'avoir le trac avant d'entrer en scène est **ABSOLUMENT NORMAL.**

Se mettre en scène n'est pas quelque chose de naturel, il n'y a donc pas à culpabiliser d'avoir le trac.

Tu ressens sans doute la peur d'être jugé, celle d'être observé, disséqué….

Le trac est une peur par anticipation que rien ne justifie vraiment, mais que tout le monde peut (certains diraient doit) avoir.

Tu as la voix et les mains qui tremblent, les jambes molles, le cœur qui s'accélère, le ventre qui se noue ?

Jouer la comédie ou encore chanter sont à l'origine de bien des maux d'estomac et de tourments digestifs intempestifs.

Tu transpires abondamment, tu respires mal, ta voix tremble et ton estomac se resserre…

Tu crains de ne pas être à la hauteur, de paraître incompétent, de subir un regard négatif du public.

Tu te sens inférieur aux autres comédiens ou comédiennes, tu crains d'être ennuyeux ou peu inspiré…

Respire

Mais ne respire pas n'importe comment. Fais-le avec le ventre. C'est la respiration abdominale, la respiration naturelle, celle qui t'apaise.

Tu ne me crois pas ? Allonge-toi, respire et regarde ce qui se gonfle. C'est la respiration de ton sommeil, elle est ton alliée sur scène. Celle qui te permet de tenir la note quand tu chantes et de dire trois phrases sans reprendre ton souffle, celle qui va calmer ton trac.

Comment ? Inspire lentement par le nez, en gonflant le ventre et les poumons. Bloque la respiration quelques secondes puis, expire lentement par la bouche. Pour te détendre, répète cette respiration plusieurs fois. Tu peux même fermer les yeux si cela t'aide à faire le vide ou à t'isoler (Et moque-toi de ce qu'en penseront les autres).

Sois positif

Si le coach ou le metteur en scène, (peu importe comment tu l'appelles) t'a choisi, c'est parce qu'il/elle a confiance en toi et en tes capacités !

Parce que tu es **COMPÉTENT.E !**

Tu redoutes peut-être le jugement du public sur ton jeu et tes propositions ?

Comment le public pourrait-il juger ce que tu n'as pas encore joué ?

Montre ton enthousiasme, communique-le avec passion. Tu es **INDESTRUCTIBLE !**

Avant d'entrer en scène, rien ne t'atteint !

Imagine que tu vas faire la meilleure impro du monde, avec les meilleurs partenaires du monde, et devant un magnifique public !

Remémore-toi ton dernier bon moment sur scène, et si c'est ta première fois, alors cherche un souvenir exaltant (de vacances, de repos, une bonne nouvelle...).

Le jour J, pense au plaisir de découvrir de nouveaux partenaires de jeu s'il y en a.

Le trac n'est pas un signe de faiblesse, il n'est pas réservé aux peureux ni aux incompétents. Se montrer « à nu » devant un public n'est pas naturel. Il est donc normal de ressentir des émotions particulières à quelques minutes du show.

Le public préférera cent fois un artiste dont il ressent le trac mais qui a la volonté de bien faire et de donner, à un comédien qui a tout fait, tout vu et qui vient pour « faire le job » dans des situations de confort qu'il a déjà données mille fois. Le public est ton ami, s'il paye sa place, c'est parce qu'il a confiance en ce que vous faites. (Voir chapitre « La relation avec le public », page 193)

Ne surestime pas la situation, ta vie n'est pas en jeu

Arrête de te dénigrer. Plus tu diras que tu es mauvais, plus les autres finiront par le croire.

Si tu as besoin de t'échauffer

Tu fais peut-être partie de ces improvisateurs qui ressentent un besoin impérieux de s'échauffer, pour s'éveiller, se mettre en jambe, se mettre « dedans » …

En tant qu'amateur, tu as peut-être besoin d'un échauffement pour faire le « break » entre ta journée de travail et ta soirée de spectacle, pour oublier les soucis de ta journée ou simplement passer à autre chose, à une autre facette de toi-même.

Tu ressens le besoin de te rassurer parce que, sans échauffement, tu te sens sec, vide, perdu.

Parce que, sans échauffement, tu ressens peut-être une tension négative qui va te suivre tout au long du spectacle.

Si c'est le cas, tu éprouves sans doute un besoin de t'échauffer la voix, le corps, le cerveau...

Fais des vocalises

Échauffe ta voix, petit à petit, lance des sons, joue avec le volume, envoie de la voyelle : A, E, I, O, U.

« BA, BE, BI, BO, BU »

« TA, TE, TI, TO, TU » ….

Dis des phrases débiles : « Une bulle ondule », « un monsieur joyeux… », « Pang, ping, pong » en articulant de plus en plus grand.

Essaie quelques virelangues (échauffement de voix et concentration)

Ces fameuses phrases réputées imprononçables.

En voici quelques-unes :

« Serge cherche à changer son siège »

« Ces six chauds chocolats-ci sont-ils aussi chauds quand ces six chocolats-là font leurs shows? »

« Un dragon gradé dégrade un gradé dragon. »

« Trois petites truites crues, trois petites truites cuites »

« Trois gros rats gris dans trois gros trous ronds rongent trois gros croûtons ronds. »

« Le fisc fixe exprès chaque taxe fixe excessive exclusivement au luxe et à l'acquis. »

Échauffe-toi physiquement

Échauffe tes articulations en effectuant de petites rotations (doigts, mains, poignets, coudes, genoux...), non pas pour faire du sport, mais pour éviter les accidents de scène et également pour éveiller ton corps avant le spectacle. Étire-toi, baille, masse ton visage, tes joues... Tourne la tête à gauche, à droite, puis ton buste en laissant tes bras complètement libres (ne les retiens pas). Inspire, bloque ta respiration, et hausse les épaules énergiquement une dizaine de fois et souffle. Fais cela trois fois pour évacuer les tensions... Il existe des tonnes d'exercices pour cela et plusieurs méthodes qui peuvent s'inspirer de l'échauffement sportif, de la relaxation dynamique, de la sophrologie...

À toi de trouver TA méthode.

Fais des grimaces

Pas pour faire rire, mais pour échauffer les muscles de ton visage. Laisse sortir des sons (grommelots ou pas), bouche grande ouverte et bouche fermée.

Avant les spectacles, notamment les matches, il est de coutume que les comédiens sollicitent un échauffement en groupe.

Par cet échauffement, on recherche l'effet « brise-glace ».

Les comédiens apprennent à faire connaissance par le biais de jeux de groupe. Cela permet de créer de la connivence ou tout du moins de nouer un premier contact avant la scène.

Sois cool avec tes futur(e)s partenaires

Ce n'est pas parce que tu stresses qu'il faut communiquer ton trac aux autres. Sois ouvert, disponible, à l'écoute de leurs demandes.

Échange avec eux sur les notions communes (nous ne désignons pas toujours les catégories avec la même dénomination).

Afin de garder une certaine fraîcheur de jeu, n'improvisez pas trop. Improviser des scènes en guise d'échauffement, c'est très bien, mais si les comédiens en jouent trop, ils risquent de se « griller » pour le spectacle. Par «se griller», j'entends le fait de faire émerger beaucoup d'idées qui pourront parasiter celles du spectacle par exemple ou être rejetées parce qu'elles auront été jouées en échauffement (et forcément en mieux).

Trop improviser peut, à mon sens, être néfaste. En effet, si les impros sont mauvaises, cela peut vous mettre dans de mauvaises conditions, même si cela n'augure en rien ce qui va se passer. Mais c'est dans la tête que ça se passe. Si tu trouves tes coéquipiers mauvais avant le show (alors qu'ils sont peut-être en phase de lâcher prise plus lente, ou simplement qu'ils ne se donnent pas « à fond » en échauffement), cela te met dans une mauvaise prédisposition.

Tu n'as pas besoin qu'on te rappelle comment on improvise avant le spectacle, tu le fais en atelier ou en stage. Les jeux d'avant show doivent servir à faire connaissance entre vous, à vous découvrir ou à tisser et à renforcer les liens.

Il est aussi possible de le faire tranquillement autour d'un verre (pas ou peu alcoolisé, bien sûr !) en parlant des expériences des uns et des autres et en échangeant autour des catégories ou des visions du jeu ou du parcours de chacun.

Le principe de l'échauffement est aussi d'abandonner les mauvaises ondes de la journée, de se mettre dans un « état d'esprit spectacle », de lâcher prise et de se laisser aller.

Vous ferez tout cela à la discrétion du public, qui n'a pas besoin de vous entendre hurler « Hihaaa ! » sauf si ledit échauffement à vue fait partie de votre mise en scène.

Avant d'entrer dans le vif du sujet (c'est-à-dire ce qui se passe sur la scène), il est important de comprendre qu'on ne peut pas faire n'importe quoi en coulisses (et en réserve, si on parle match d'impro).

En coulisses

Les improvisateurs ne peuvent pas rire, crier ou chanter à gorge déployée, manger, boire (entendre par là « picoler ») ou discuter de leur virée de la veille à quelques minutes du spectacle alors que les coulisses sont à quelques centimètres de la scène.

Il arrive parfois que le public entende plus les comédiens hors scène que ceux sur la scène (bouteille qui tombe, rires qui fusent, engueulades... Si, si, c'est possible...).

L'ambiance « spectacle » est en place dès l'arrivée du public

Imagine cette scène :

Le spectateur entre, s'assoit, discute un peu, parle de tout, de rien avec son voisin, quand soudain il entend rire une bande de « guignols », il voit des improvisateurs qui vont et viennent, courent dans tous les sens. Il aperçoit des comédiens qui parlent aux spectateurs du premier rang (c'est souvent là que s'installe la famille de l'improvisateur). Autant dire que cela ne fait pas très sérieux (sérieux dans le sens « professionnel » même si tu es amateur).

En coulisses, il faut rester concentré. Si tu fais partie de la clique de ceux qui improvisent pour rigoler ou pour le loisir, c'est bien et c'est ton droit le plus strict, mais une fois en scène respecte tes partenaires et les gens qui ont payé pour venir voir un spectacle.

En coulisses, il faut prendre soin les uns des autres, entourer les stressés, les énervés, les surexcités qui bondissent partout et effraient les autres, plus timides...

Dès que la salle s'assombrit, les choses sérieuses commencent. Il faut jouer le spectacle. C'est la seule chose qui vaille à partir de ce moment précis.
Selon la forme du spectacle, la musique est lancée, l'animateur vous présente, les improvisateurs mettent le public dans l'ambiance ou entrent calmement pour démarrer une improvisation organique sans thème du public...

Bref, ça y est, nous y sommes, le spectacle est commencé. Maintenant, il ne faut plus rien lâcher, ne plus rien laisser au hasard, ou plutôt si, sur scène, tout laisser au hasard, c'est de « l'impro ».
À partir de cet instant, tout peut arriver, si tant est que tout le reste (technique, coulisses, accueil...) soit réglé.

À propos...
du cercle des consentements

On peut l'appeler cercle des limites, cercle des consentements, cercle de bienveillance...

Peu importe, l'essentiel est que le groupe se consacre un temps pour que chacun.e puisse exprimer ses réticences et ses limites (internes et externes) avant le spectacle :

Tout le monde se met en cercle.

Un joueur demande :

« Comment nous sentons-nous ce soir ? »

Chacun.e à son tour s'exprime sur :

Les sujets « tabous » : tout sujet ou contenu qui le dérange.

Les blessures ou les problèmes physiques actuels (« j'ai mal au dos » «je n'aime pas les contacts trop rapprochés » « J'ai des douleurs au cervicales »...)

Quelque chose qui les aiderait à se sentir soutenus ou portés dans le groupe.

L'ensemble du groupe définit un niveau convenu de contact physique ou intime.

Important : personne n'a jamais à justifier les sujets qu'il ne faut pas aborder. Tout le groupe écoute avec respect et remercie le participant de s'être exprimé.

Un sujet « interdit » signifie simplement que nous l'évitons. Nous avons tellement d'autres sujets à aborder.

Et... Nous ne plaisantons surtout pas à ce sujet.

Pendant le spectacle

En situation, nous avons tous des moments de creux, de vide, de « non-inspiration ».

Alors comment faire ? Voilà une question à laquelle, nous allons tenter de répondre ensemble.

Tout d'abord trouve ta place, aborde la scène sereinement. Répète-toi ce leitmotiv : « **TOUT EST DÉJÀ LÀ** ». Pour improviser, nul besoin de chercher l'idée du siècle, prends ce qui existe déjà au moment où tu joues et fais avec « ce qui est déjà là ».

Sur scène, tout t'inspire. Ne prévois pas de plan.

Tout ce qui suit est là pour t'aider au cas où tu perdrais le fil. Il n'y a pas de vérité. Entre en scène avec une émotion, entre avec un personnage, entre à vide et découvre ce qui est à ta portée. Inspire-toi de tes partenaires... Fais comme tu le ressens mais toujours avec bienveillance pour la qualité du jeu.

Tu es prêt ? C'est parti !

Quand
tu entres en jeu

N'entre pas avec un plan
De toute façon, tes partenaires le feront foirer !
Si tu prépares toute l'histoire dans ta tête, sois sûr que cela ne va pas fonctionner.
Accepte de ressentir autre chose que ce que tu avais prévu en entrant en scène.

Le début d'une improvisation est une chose délicate
Laissez-vous le temps de la mise en place, de l'installation de la situation de départ, de la « plateforme » (voir le chapitre « C'est quoi, une histoire ? » p.167). Laissez-vous le temps de la rencontre et de la découverte. Il faut laisser un instant au public pour comprendre ce qui se passe.

Évite de commencer par une catastrophe
On connait tous un improvisateur qui, dès l'entrée, annonce un truc énorme pour « mettre du piquant » ou balance une bonne grosse mauvaise nouvelle qui tue toute interprétation ou toute construction d'une relation : « Un tsunami arrive vers nous ! », « j'ai raté mon expérience, tout va exploser ! »…
Entrer en annonçant : « le train a déraillé, on a besoin de tous les secours » ne laisse pas beaucoup de

possibilités de construction. Ton partenaire deviendra un blessé ou un médecin. Ne t'étonne pas, à partir de ce moment-là, de rencontrer un blocage de la part de tes équipiers. Installe d'abord une relation, puis déclenche quelque chose, quitte à ce que ce soit une catastrophe. Ainsi, les spectateurs ont eu le temps de vous découvrir. Dans les films dits « catastrophe », nous découvrons d'abord les personnages. Le scénariste fait en sorte que nous nous attachions à eux rapidement. C'est parce que nous les connaissons ne serait-ce qu'un peu, que nous vibrons avec eux, à leur côté, pendant les événements qu'ils devront surmonter. La catastrophe est un catalyseur, pas une fin en soi. La catastrophe fait émerger les personnalités de chacun (le peureux, le courageux…) ou naître les relations entre les personnages (l'expert s'éprend de la mère de famille, le lâche met sa vie en péril pour sauver un chien…).

Pose le contexte

Qui es-tu ? Où es-tu ?
Que fais-tu ? Avec qui ?
Quelle est votre relation ?

Il n'est pas concevable que dans autant d'improvisations, les personnages ne se connaissent pas avant la scène qui se joue et se jaugent pendant les trente premières secondes. C'est énervant toutes ces scènes qui commencent par « Bonjour, vous êtes ? », « Salut, je suis contente que tu sois là aussi »,

« Bonjour, je suis Martin et vous ? », « Excusez-moi, vous attendez quelqu'un ? »… Il faut rapidement établir qui vous êtes, la relation (le « qui vous êtes l'un pour l'autre ») et le « pourquoi êtes-vous là ensemble dans cette scène ? ».

Dis quelque chose à propos de toi (ton personnage), à propos du lieu ou à propos du personnage de ton partenaire (les fans de match diront que c'est une rudesse… Tant pis, si cela fait avancer l'histoire). Cela clarifiera la situation.

Évite de commencer l'impro en posant une question

Évidemment, ce n'est pas interdit.

Une question bien sentie peut mettre en place une situation voire un univers de jeu. L'idée serait plutôt d'éviter les questions « banales ».

Beaucoup d'improvisateurs commencent leurs scènes en posant une question : « Pourquoi est-ce que… ? » « Qu'est-ce que vous… ». Et parfois même « Qui êtes-vous ? », quand ce n'est pas carrément « Où sommes-nous déjà ? ».

En posant une question, tu laisses la responsabilité à ton partenaire de construire, de créer. En soi, tu lui fais un beau cadeau mais, après, ne te plains pas que « l'histoire était mauvaise et que c'était mal parti dès le départ ». Si ton partenaire joue le même jeu que toi, cela peut donner une autre question en réponse à une question et donner une scène qui n'avancera jamais. (cela peut aussi donner une scène drôle, mais tu n'en feras qu'une dans le spectacle…).

Affirme les choses. Si tu demandes « Est-ce vrai que ta nouvelle copine a 20 ans de moins que toi ? » et que ton partenaire dit « Non », ton offre est morte née. En revanche, si tu dis « Depuis que tu es avec cette fille qui a 20 ans de moins que toi, je te trouve beaucoup plus dynamique », même s'il dit « Non », il n'est juste pas « plus dynamique ». Mais ce personnage a une petite amie de 20 ans sa cadette, c'est un fait établi que le public a entendu et qu'il ne peut ignorer.

Si tu lui demandes « Il parait que tu as arrêté de fumer ? », et qu'il dit « non », il bloque la proposition, il n'a pas arrêté de fumer, point (ce n'est pas la peine de tourner en boucle autour de ton idée et de la question jusqu'à obtenir un « oui », il faut trouver autre chose). Si tu dis « Depuis que tu as arrêté de fumer, tu es de meilleure humeur », et que ton partenaire dit non, il n'est pas de meilleure humeur, mais il a arrêté de fumer. Tu l'as dit et c'est ancré dans le marbre. Ce qui peut lui donner à jouer le fait qu'il se sente plus nerveux, plus amoureux… Bref, l'état qu'il choisira à partir de la proposition « tu as arrêté de fumer ».

Cela change tout et ouvre un monde de possibilités.

Affirmer donne du jeu et balise l'histoire

Si, sur scène, ton partenaire creuse avec une pelle (parce qu'un improvisateur qui ne sait pas quoi faire mime souvent qu'il creuse avec une pelle…), quand tu entres, ne demande pas « Qu'est-ce que tu fais ? », tu risques d'obtenir une réponse du type :
« Ben, tu vois, je creuse… ».

Commence plutôt par « Le trésor est là dessous, creuse encore ! » ou « Active-toi, je crois qu'on a été suivi ». Amène un enjeu, enrichis son action, donne-lui un sens. Dans cet exemple, tu peux entrer en scène en mimant de trainer un cadavre à enterrer dans le trou, par exemple. Même si ce n'est pas terrible, c'est toujours plus intéressant. Bref, sois affirmatif et développe l'idée de ton partenaire (en plus des tiennes). Poser une question, c'est se dédouaner de toute proposition et cela peut aussi piéger son partenaire.

Entre en jeu avec une émotion

Beaucoup de comédiens appelleront cela « entrer en étant chargé » (ce qui ne veut pas dire avec trois grammes d'alcool dans le sang…).

Paul Ekman, psychologue américain, identifie six émotions primaires :

La joie, la tristesse, la peur, la colère, la surprise et le dégoût (les émotions en gras sont souvent considérées comme les émotions de base).

Si tu entres en scène avec une de ces émotions, tu te donnes déjà de quoi jouer. Si tu es en colère, tu as forcément une bonne raison de l'être, il ne te reste qu'à développer. Cela donne de l'épaisseur à ton personnage et, ainsi, tu nourris déjà le jeu de ton partenaire.

On pourrait y ajouter leurs déclinaisons de manière graduelle :

LA COLÈRE : contrarié, mécontent, fâché, énervé, furieux

LA PEUR : intimidé, inquiet, apeuré, effrayé, terrorisé

LA TRISTESSE : peiné, malheureux, nostalgique, désespéré,

LA JOIE : ravi, content, heureux, euphorique

L'émotion est l'un des nombreux outils de création du personnage, ce personnage que tu deviens lorsque tu es sur scène, ce personnage qui peut tenir des propos ou avoir des pensées à l'opposé de tes propres convictions (voir le chapitre « La création de personnage » p.127).

Ne commente pas ce que tu fais

Passe à l'action et ne commente pas ce que tu fais. Ne dis pas que tu vas chercher les clefs de la voiture dans le tiroir pour ensuite aller quelque part. Ouvre le tiroir et dis : « J'ai les clefs, on y va ! »

Ne commente pas ce qui se passe

La scène commence : un comédien mime qu'il monte dans une voiture et se rend « chez toi ». Il sonne, tu ouvres la porte et il te crie dessus : « Dis-moi ce que tu as fait du livre que je t'ai prêté ! Tout de suite ! ».

Tout le monde a vu ce qu'il a fait, ce n'est pas la peine de commenter :

« Oui, alors comme ça, tu sors de chez toi, tu prends ta voiture, tu arrives jusqu'ici, tu me cries dessus à propos d'un bouquin, et tu voudrais que je te réponde calmement. » Cela n'a pas spécialement d'intérêt. Réponds-lui vraiment. Qu'est-ce que ça provoque comme réaction chez ton personnage ? Ça l'énerve ? Ça l'amuse ? Que cache cette proposition de ton partenaire ? Qu'est-ce qui rend ce livre aussi important à ses yeux ?

Dis « OUI » !
(Mais pas à tout et pas tout le temps)

Tout le monde le martèle : « en impro, le plus important, c'est de dire oui ». C'est le mythique « Accepte », le fabuleux « Oui, et… ».

L'acteur doit faire avancer l'histoire. Pour ne pas la bloquer, il est dans l'acceptation. On te le rabâche : l'acteur ne doit pas dire « non » (le fameux refus de jeu). L'improvisateur se doit d'accepter la proposition du partenaire sous peine de bloquer la scène. Si aucun des deux joueurs n'accepte l'idée de l'autre et campe sur sa position alors la scène tourne en rond : « Vous m'avez vendu de l'herbe qui fait rire » « Ah non, je suis vendeur d'encyclopédie », « Non, non, je sais que c'est vous qui m'avez vendu cette herbe » « Non, non, je ne vends que des encyclopédies », « Mais non… ». Ça, c'est le refus. Personne ne cède, et, au bout de trente secondes, la relation n'est toujours pas claire.

En revanche, qu'est-ce qui empêche le personnage de dire « Non » ou de refuser ? Qu'est- ce qui empêche le personnage de faire obstruction dans l'intérêt de l'histoire ?

Explication :

Nous improvisons l'histoire de « Blanche-Neige ».

La reine demande au chasseur de tuer Blanche et de lui ramener son cœur.

Le comédien qui interprète le chasseur dit « Oui, et ».

Il chasse la jeune fille, la tue et ramène son cœur.

L'histoire s'arrête au bout d'une minute.

S'il fait obstruction : lorsqu'il la trouve, il change d'avis, permettant ainsi à Blanche-Neige de s'enfuir dans la forêt, de rencontrer les nains, de s'amouracher du prince et de vivre heureuse jusqu'à la fin des temps.

L'histoire devient tout de suite plus intéressante, n'est-ce pas ?

La sur-acceptation seule ne fait pas avancer l'histoire. Cependant, en cas de doute, en cas de manque d'inspiration, c'est la seule chose qui vaille pour avancer ensemble.

Dis « oui, et », « Je sais, c'est pour cela que… », « OK, on y va », « Je suis d'accord », « Parfaitement, d'ailleurs… », « Exactement… ».

Tu as encore un doute sur la différence entre le refus de l'acteur et l'obstruction du personnage ？ Voici deux exemples pour éclaircir ce point.

Proposition du comédien 1 : « Coupons cet arbre »
Refus de l'acteur :
Le comédien 2 répond : « Je n'ai pas d'outil, faisons plutôt un rallye ».

Visiblement, le comédien 2 a envie de mettre de l'action et n'a pas envie de couper un arbre, il détruit la proposition du comédien 1 avec une proposition inappropriée (le comédien 1 pourra toujours rebondir en proposant quelque chose dans le style « Justement, le bois comme combustible c'est très tendance » et voir ce qui se passe, mais c'est quand même mal parti).

Obstruction de personnage :
Le Comédien 2 rétorque : « Je ne peux pas m'y résoudre, c'est ici que j'ai gravé ce cœur pour Marie juste avant son accident. »

Dans cette seconde scène, le refus est motivé par un souvenir et une émotion qui emmènent les personnages vers une histoire familiale, romantique, douloureuse… Le personnage refuse, mais l'acteur fait une belle proposition de jeu.
Un autre exemple ?

Proposition du Comédien 1 : « Charles est mort »
Refus de l'acteur :
Comédien 2 : « Cette idée d'appeler ton chien « Charles » est vraiment idiote. Je t'en achèterai un autre. Sinon, je t'ai dit que j'ai trouvé un nouvel appartement avec vue sur le lac ? Il a une magnifique terrasse… »

Dans cet exemple, le comédien 2 ignore royalement la proposition de son partenaire en l'atomisant.

Obstruction de personnage :
Comédien 2 : « Chut ! Ne le dis pas à grand-mère,

cela pourrait l'achever. Tu dois faire comme si rien n'était arrivé. Tu m'as compris ? Il ne s'est rien passé ».

Ici, la proposition devient un secret qu'il va falloir utiliser durant la suite de l'impro. Cela devient intrigant (Pourquoi cacher cette mort ? Qui était Charles aux yeux de la grand-mère ? etc.)

Une dernière image pour te convaincre ?

Nous devons jouer un duo, nous sommes en haut d'un immeuble et je commence la scène en te disant : « Maintenant, tu sautes et tu meurs ! ».

Si tu dis oui, le duo devient un solo et, à moins de réapparaitre en fantôme, de savoir voler, ou de tomber sur la terrasse de l'appartement situé juste en dessous, c'est la fin de ta prestation et je finis l'impro seul.

Dis « non » quand la proposition te met mal à l'aise

Je parle bien ici d'une obstruction d'acteur (et du personnage par ricochet).

Ton partenaire fait une proposition de jeu sado-maso et te donne un collier pour que tu fasses le chien (ou la chienne) et en profiter pour te fouetter (ne lève pas les yeux au ciel, j'ai réellement vu cette scène), s'il te plait, ne dis pas oui (sauf si tu trouves cela vraiment (mais alors vraiment) drôle). Retourne la situation et dis plutôt « non, on est jeudi, c'est ton tour » et vois si ce joueur dit « oui ».

Ne laisse pas qui que ce soit te mettre mal à l'aise sur scène. Cela est valable dans les deux sens, évidemment.

Donc j'ajoute :

Ne mets pas ton partenaire mal à l'aise

Et cela est également valable en coulisses. Il n'est pas possible de tout se permettre sous prétexte que vous êtes dans la même équipe ou que c'est « pour rigoler ». Mettre quelqu'un à mal en coulisse, dans l'intimité, comme devant 350 personnes peut laisser des traces indélébiles. C'est simple, basique : ça ne se fait pas.

Écoute

En impro, après « accepter », « écouter » est le verbe qui revient le plus souvent. Quel improvisateur n'a jamais entendu cette phrase : « Dans cette scène, ça manquait d'écoute » ? Mais écouter, qu'est-ce que cela veut dire ? Cela ne veut pas dire forcément entendre, « écouter avec les oreilles ».

Écouter, c'est « prêter attention à »

Prêter attention à la situation, aux mots de la proposition du partenaire (c'est évidemment important et même capital). Être à l'écoute, c'est également observer son comportement (comment il se tient, le ton qu'il emploie). Écouter l'autre, c'est aussi l'aider à avancer quand il galère ou fait une proposition faible ou avec peu d'enjeu parce qu'il n'a pas d'inspiration, du type « Bonjour, ça va ? ». Si le ton employé est un peu spécial, fais-le lui remarquer, comme on le ferait dans la « vraie vie » : « De la façon dont tu me dis ça… », « tu es de bonne humeur », « en colère » etc. ou « Tu dis ça en te grattant le nez, tu rumines parce que je ne t'ai pas invité dimanche. ». Cela lui donnera de la « matière ». Écouter, c'est aussi ressentir. Ce que ressent ton partenaire (son personnage) est important mais ce que tu ressens toi-même l'est tout autant. C'est une des sources principales d'inspiration. Sur scène, sois à l'écoute de TOUT ce qui se passe, en toi, chez l'autre (les autres), écoute l'histoire, ressens le lieu… car tout est source d'inspiration.

À propos...
de ton style de jeu

Architecte ou jardinier ?

George R.R. Martin, l'auteur de « Game of Thrones »
avance une définition de l'écrivain, qui pourrait, me
semble-t-il, tout à fait s'appliquer à l'improvisateur :

*« Je pense qu'il y a deux types d'écrivains, les archi-
tectes et les jardiniers.*
*Les architectes planifient tout à l'avance, comme un
architecte qui construit une maison. Il sait combien de
pièces il y aura dans la maison, quel type de toit il y
aura, où passeront les câbles, quel type de plomberie
il y aura. Ils ont tout conçu et dessiné avant même de
clouer la première planche. Les jardiniers creusent un
trou, y déposent une graine et l'arrosent. Ils savent de
quelle graine il s'agit, ils savent s'il s'agit d'une graine
fantastique ou d'une graine mystérieuse ou autre.
Mais au fur et à mesure que la plante pousse et qu'ils
l'arrosent, ils ne savent pas combien de branches elle
aura, ils le découvrent au fur et à mesure qu'elle
grandit. »*

Quel improvisateur, quelle improvisatrice es-tu ?

Celui/Celle qui préfère les concepts hyper balisés,
dans lesquels tu auras un conflit à la fin de la scène 1,
une histoire d'amour dans la scène 3, un bon mot
déjà préparé en entrant sur scène ?

Celui/Celle qui découvre et comprend spontanément quelle histoire se joue, sans rien planifier et qui laisse le jeu spontané dicter la suite des évènements ?

J'ajouterais « le bricoleur » : l'improvisateur qui va rentrer dans une scène qui s'égare pour relancer l'intérêt. Celui qui a le niveau de lecture suffisant pour dire « OK, là il faut qu'il se passe quelque chose. Réparons cette histoire pour qu'elle mène quelque part ».

L'image du cuisinier qui découvre les résultats d'une nouvelle recette (certains mettront plus ou moins de sel ou de farine) me plaît assez également.
À toi de découvrir tes propres repères, tes propres images.

G.R.R. MARTIN ajoute également :

« Ne limitez pas votre imagination
Choisissez vos personnages avec un point de vue pour élargir la portée du récit
Sur les points de vue crédibles et la création de personnages "gris" (ni totalement bons, ni totalement mauvais) : essayez de vous mettre dans leur peau et de voir ce que le monde serait depuis leur position - donnez un sens à ce qu'ils font.
Le deuil est un outil puissant mais n'en faites pas trop !
La violence doit entraîner des conséquences - alors n'épargnez rien !
Évitez les clichés fantaisistes. »

"Tout ce qui peut être imaginé est réel."

Pablo PICASSO

Tu es sans limite. Tu dois croire en tout ce que tu proposes.
Pourquoi ?
Parce qu'au moment où tu le fais, le public y croit.

Tout est source d'inspiration

Beaucoup de joueurs créent artificiellement les éléments de jeu alors que la construction d'une scène improvisée devrait se faire dans les détails. Vous êtes deux et manquez d'inspiration, vous n'avez pas besoin de faire intervenir un élément extérieur ou d'évoquer un personnage « hors scène » pour faire avancer l'histoire, c'est une fausse bonne idée. Le secret est d'être spécifique dans les détails de vos personnages (le tien et celui de ton partenaire) et dans la création de l'environnement. Avec cela, on peut déjà faire beaucoup. Soigne les détails, pour donner de la matière pour jouer.

Il te suffira d'un geste, d'une posture, d'un regard pour convoquer la suite de l'histoire que tu es en train de vivre. À partir de là, la scène avancera toute seule (ou presque...).

Laisse-toi happer par ce qui est déjà là !

Première source d'inspiration : TOI

Que ressens-tu en ce moment précis ? Pour t'inspirer de toi-même, observe-toi. Ça peut paraître étrange écrit comme ça, mais ta posture, ton regard, ton émotion... bref, tout ce que tu es, peut (ou doit) t'inspirer. Si ton début de scène se passe dans une rue, alors comment es-tu dans cette rue : nu, habillé, essoufflé, paisible, perdu ? Comment es-tu arrivé

dans cette rue ? Pour quelles raisons y es-tu ?
Cherches-tu quelque chose ? Comment est ton corps ?
Comment sont tes bras, ta tête, ton regard ? Dans un
premier temps, tout part de toi ! Et uniquement de
toi.

Seconde source d'inspiration :
Ton ou tes partenaires

Souvent, vous êtes au moins deux sur scène. Prends
appui sur ton (tes) équipier(s).

Regarde ton partenaire de scène dans les yeux (pour
vous connecter vraiment) et imagine son état
émotionnel en fonction de son regard, son visage, sa
position, sa posture.

Écoute ce qu'il a à dire et suis-le. Au besoin, si tu ne
sais pas quoi dire, reformule voire répète ce qu'il a dit
pour donner du poids à ses mots :

« Si je comprends bien ce que tu me dis… »

Tu n'as pas besoin de demander au personnage de
ton partenaire comment il se sent ou ce qu'il ressent.
Il suffit de le regarder pour le savoir et de l'interpréter
(a-t-il les bras croisés, le regard fuyant ?).

Ne demande pas à ton partenaire s'il veut faire
quelque chose avec toi, fais-le et propose-lui de te
suivre.

Ton partenaire entre en courant, quelle signification
mets-tu là-dessus, si lui n'en met pas ? Son personnage est-il pressé ? en retard ? Il essaye d'échapper à
quelqu'un ? Bref, dis la première chose qui te passe
par la tête à ce moment précis, ce sera forcément la
bonne idée.

Ta partenaire annonce une proposition faible (voire

très faible du type « je suis fatiguée »), réagis !

Ajoute quelque chose à sa proposition, répète et amplifie : « tu es fatiguée **parce que** tu as encore travaillé tard hier. Dis à ton supérieur que ça suffit ! Ou je te quitte ».

Amène de l'enjeu, mais ne reste pas sans rien faire.

Ton partenaire te met un coup de pied aux fesses ou une gifle. Réagis ! Tu ne peux pas rester de marbre, ou ne pas avoir de réaction. Ton personnage ressent forcément une douleur.

Ta partenaire décide de sortir de scène. Réagis ! Ne dis pas simplement « au revoir ». Retiens-la, cela pourrait provoquer une tension, des émotions...

Tu es bloqué en jeu ? Imagine l'intention de ton partenaire et l'effet que cela a sur toi. Même si ce n'est jamais cité explicitement dans la scène, cela crée de la matière.

Troisième source d'inspiration : Les cinq sens

Les cinq sens sont au service de vos personnages et de la situation.

Utilise tous tes sens pour trouver l'inspiration.

Ce que tu vois, ce que tu entends, ce que tu touches, ton personnage le voit, l'entend, le touche.

Tout ce qui qui t'inspire, ton personnage va le vivre.

Vous êtes dans un champ ou un restaurant ? Il y a forcément des parfums, des couleurs...

Vous êtes dans une usine ? Il y aura des odeurs, des bruits de machines, de la poussière…

Vous êtes dans un magasin de tissu ? Touche les articles, que t'évoquent-ils ? Sont-ils soyeux, rugueux, agréables à toucher, à sentir ? Évoquent-ils des souvenirs ?

Dernière source d'inspiration : Tout le reste

En dehors de vous (toi et les autres), le lieu (intérieur, extérieur, un bureau, une usine…), le contexte (historique, sociétal…), le moment (jour, nuit, année, saison) ou l'histoire elle-même sont autant d'appuis qui peuvent t'inspirer.

Une astuce : observe, remarque, interprète et exprime ce que tu (ton personnage) ressens. C'est ce que j'appelle l'ORIP (Observe, Remarque, Interprète, Propose).

Observe ton partenaire ou l'environnement de la scène,

Remarque un détail (l'attitude, le regard, l'intonation de ton partenaire mais aussi, dans l'environnement de la scène, un objet important…),

Interprète-le (Pourquoi ton partenaire est-il dans cet état, pourquoi dit-il ceci ou cela, justifie le),

Propose : dis ce que tu ressens, comme dans la « vraie vie ». Comment réagit-on réellement lorsqu'une personne nous parle sans nous regarder, en regardant par terre, en se grattant la tête, en se raclant la gorge à chaque fin de phrase ? Tout cela peut t'aider à construire sans chercher ailleurs. TOUT se trouve sur le plateau. Maintenant, tu as tout ce dont tu as besoin pour trouver l'inspiration et jouer une belle scène.

Sois à l'affût de tout mais concentre-toi sur un seul élément à la fois pour ne pas perdre le fil.

Avec ton (tes) partenaire(s)

Mets-toi au service de l'histoire et de tes partenaires. Ton partenaire te propose une course automobile, ne réponds pas « J'ai faim, où est le frigo ? » parce que tu as décidé de jouer le coloc ennuyeux.

Dis « OK », et va chercher les clefs. Fais-en ta star des champions de formule 1.

Fais 50 % du chemin

« Seigneur, voici la formule magique qui rendra la princesse amoureuse de vous » enferme ton partenaire. Ton partenaire est un Seigneur dans une histoire de sorcellerie et tu reviens déjà d'une mission qui a peut-être été périlleuse. Cela peut ouvrir des voies de jeu, mais tu imposes le contexte à 100%.

Autre exemple : tu as en tête d'offrir une bague à ton amoureuse, tu tends un « écrin » :

« Mon amour, voici la bague que tu avais vue en vitrine » est une proposition qui fait de vous un couple. Elle aime, elle déteste… Tu la demandes en mariage, tu veux ressouder vos liens… Bref, vous êtes un couple, légitime ou non, mais un couple imposé par ton choix de jeu (parce que tu as sans doute déjà une histoire en tête).

Tu tends ce que tu penses être un écrin en disant « Regarde ce que j'ai pour toi ». Elle ouvre l'écrin et dit « oh, tu veux m'épouser », alors c'est ta partenaire qui l'a choisi et coup de chance, vous êtes sur la même longueur d'onde.

Tu tends ce que tu penses être un écrin en disant « Regarde ce que j'ai pour toi ». Elle ouvre « l'écrin » et affirme : « Oh, la clef USB, j'en déduis que tu as trouvé toutes les preuves ». Vous venez de découvrir une nouvelle histoire. Une nouvelle page imprévue est sur le point de s'écrire. Génial, c'est de l'impro.

Vous pourrez alors définir ensemble la raison pour laquelle tu lui amènes cette clef USB, l'importance des documents, de quelles preuves il s'agit… Ce sont de nouvelles pistes qui créent une relation, des émotions, une tension, bref, un début d'histoire, en prenant des décisions à deux.

Et si tu mènes l'histoire, fais en sorte que ton partenaire puisse au moins faire des choix et ne la subisse pas.

Pour cela :

Ne piège pas (trop) ton partenaire

Tendre une lettre et dire : « C'est quoi cette lettre ? Lis-la moi à voix haute… » peut amuser le public mais embarrasser ton partenaire qui doit improviser la lettre en question. Cela peut être amusant… ou pas. Tu peux le faire si vous vous connaissez bien ou si tu sais que ton partenaire en « a sous le capot ». Mais, en match, avec un joueur débutant, ça peut le bloquer et le laisser sur la touche pour la suite.

N'impose pas, propose

« Papa, je sais que tu boites depuis ton accident, mais franchement, t'engueuler avec maman comme tu l'as fait, tu crois que ça en valait la peine ? En plus, quand tu es en colère, tu bégaies avec un accent allemand. » En faisant ce genre de proposition, ton partenaire n'a aucune marge de manœuvre. Non seulement tu lui imposes la relation (il est ton père), tu lui rajoutes une caractéristique physique (il doit boiter), tu lui mets une engueulade sur le dos et le public s'attend à le voir bégayer avec un accent. Je souhaite bon courage à ton partenaire. Tu ajoutes une tierce personne et j'imagine déjà une joueuse prête à entrer en scène dans le rôle de la mère. Ton partenaire peut toujours refuser ta proposition au détriment du jeu, mais, du point de vue du spectateur, ça n'aurait pas de sens.
En agissant ainsi, tu fermes le jeu dès la première phrase. L'idéal est de construire ensemble et d'être co-responsable de l'histoire.

Fais des propositions « ouvertes »

Dès les premières secondes, les propositions doivent laisser de la place aux joueurs en scène. Tu ne dois pas imposer la relation, mais celle-ci doit rapidement émerger de vos cerveaux. Ne pas prévoir ce qui va suivre vous permet de vous laisser le champ libre. Certes, c'est moins rassurant mais plus intéressant à jouer.

N'annule pas la proposition de ton/ta partenaire

Ne tue pas les idées de ton partenaire, intensifie votre relation en étant spécifique dans l'interaction.

Il te fait une proposition, prends-la comme un cadeau. Vous êtes dans un avion, ton partenaire te propose un « Il n'y a plus d'essence », ne tape pas sur le cadran de la jauge et ne dis pas « C'est la jauge qui déconne, j'ai fait le plein hier ». Il vient de mettre en place un enjeu majeur et un début d'aventure.

Ton partenaire entre en scène et t'appelle « Chéri », c'est peut-être rude, mais ne lui renvoie pas un « Ne m'appelez pas chéri, je suis le facteur ».

En clair, il faut éviter d'avoir à se justifier sur scène. Justifier pourquoi il y a de l'essence ou pourquoi tu ne veux pas qu'il t'appelle chéri ne fait pas avancer l'histoire, cela la ralentit.

Si ta partenaire entre en disant qu'elle est pourchassée par un monstre, ne dis pas « laisse tomber c'est le chien du voisin, il aboie fort, mais il n'est pas méchant ! ».

Un monstre est un monstre !

Si ton partenaire a vu un ovni au-dessus de ta maison, ne dis pas qu'il a vu un gros avion et qu'il doit changer de lunettes.

Si on te lance une flèche avec une potion d'amour, ne l'évite pas en te penchant en arrière au ralenti (à la Matrix). Prends-la dans le torse et tombe amoureux !

Adapte-toi

Tu crois jouer le rôle de l'amant et ton partenaire t'appelle « Papa », adapte-toi rapidement.

Tu crois être dans l'espace, et ton partenaire te dit « Cette voiture, c'est vraiment une catastrophe. » Adapte-toi !

Si ton partenaire entre, s'incline et t'appelle « Ma Reine ! », deviens cette Reine, et ne dis pas, « Ah, je vois que tu n'as pas pris ton traitement ! ».

Ça fera rire le public, mais l'histoire est mal partie !

N'ignore pas ce qui se passe sur le plateau

Si un comédien traverse la scène en s'écriant « C'est la fin du monde » ou « Un missile arrive sur nous », dis-toi que tout le monde l'a entendu (le public et les autres comédiens).

Tu ne peux pas faire comme si cela n'avait pas été dit et continuer tranquillement de boire un café en terrasse, ou de lire un livre à la bibliothèque en draguant une future conquête.

Ce que le public a entendu, tu l'as entendu aussi.

Ce que le public a vu, tu dois l'avoir vu et intégré sous peine d'incohérence. N'ignore pas une information qui est jouée, le public ne comprendrait pas ce qui se passe.

Retiens que :

Ce qui est fait est fait, ce qui est dit est dit !

Tout ce qui est joué existe.

Intègre-toi

Ne joue pas un extra-terrestre dans une love story parce que ça manque de punch.

Ne joue pas un animal de zoo qui parle parce que tes partenaires sont en visite à Vincennes et que c'est bien un lion qui dit « Hum, j'ai faim. Voilà de la chair fraîche ! ».

Sois en cohérence avec l'histoire qui se joue.

Sois précis

Si tu dis « Je ne mange pas de viande », alors ton personnage est peut-être végan mais si tu ajoutes « Sinon, je gonfle comme un ballon d'hélium », ce n'est plus la même histoire qui se joue. Tu donnes quelque chose d'autre « à manger » à tes co-équipiers, un ingrédient plus épicé.

Tu proposes un « Je vais me marier », c'est bien.

Mais si tu ajoutes un « avec la fille de ton pire ennemi », « avec la fille du voisin avec lequel tu es en guerre » ou « avec le fils du maire (qui est dans le parti opposé) », ça peut donner du piquant.

Développe tes idées

Si tu dis « J'ai faim », ton partenaire pourra toujours répondre « Prends un truc dans le frigo », mais si tu dis « J'ai faim, je n'ai pas mangé depuis sept jours », cela n'aura pas le même impact.

Pour t'aider, ajoute « Parce que » ou « Et en plus » dans ta phrase. Exemple : « J'ai faim, **parce que** je n'ai pas mangé depuis… »

Si tu es bloqué alors que ton partenaire de scène te fait une proposition, clarifie les sentiments de ton personnage en commençant ta phrase par ce que tu veux, ce que tu penses ou ce que tu ressens. Pour donner du poids à sa proposition, précise-la avec une phrase du type : « Si je comprends bien ce que tu me dis… ». En plus, cela peut accentuer le drame émotionnel et faire avancer la scène ou préciser une proposition floue.

Ne joue pas la même chose que ton partenaire

Propose une autre émotion que celle choisie par ton partenaire. Ne joue pas le même personnage que lui.

Même si rien de te l'interdit (il est tout à fait possible de le faire, évidemment), ce n'est pas très intéressant de voir, sur scène, trois comédiens qui jouent la même émotion ou qui ont tous la même caractéristique pendant toute l'histoire. Même si cela peut devenir un « jeu » entre vous dans la scène en question.

Si la scène a lieu lors d'un enterrement, jouer un personnage triste, un autre, neutre et un dernier plus joyeux, cela sous-entend tout de suite quelque chose dans l'histoire ou la relation. Ton partenaire est furieux, sois joyeux ; il a un fou rire, sois triste… Cela crée du contraste et peut donner plus d'épaisseur aux personnages.

Ce n'est pas une recette miracle mais ça peut t'aider. D'autant que rien n'empêche de varier l'émotion, voire de se l'échanger pendant la scène.

N'ignore pas ton (tes) partenaire(s)

Vous êtes deux sur scène et un troisième comédien entre, laisse-le exprimer son idée.

Ne l'ignore pas, ne l'empêche pas de parler ou d'agir au risque qu'il brise « ta magnifique idée ».

S'ils t'ignorent ou ne t'ont pas vu

Tu entres sur scène et tes partenaires ne t'ont pas vu, n'essaie pas de montrer que tu (acteur) es là. N'essaie pas de te cacher ou de sortir de scène parce que « tu gênes ». Tu es là, le public t'a vu et il faut faire avec. Saisis l'opportunité qui se présente. Peut-être que leurs personnages ne parlent plus au tien depuis une rupture, peut-être es-tu l'invité évité ou un fantôme... Ils t'ont zappé, c'est fait. Tu fais avec.

Passe à l'action au lieu de blablater

Évite de trop parler. Dans la « vraie vie », on utilise moins de mots que tu ne le penses. Les actions et le comportement de ton personnage raconteront l'histoire de manière bien plus intéressante.

Une conversation du type :

JOUEUR 1 : On est bien ici, non ?

JOUEUR 2 : Oui super bien.

JOUEUR 1 : Ça fait longtemps que je n'ai pas été aussi bien.

JOUEUR 2 : Pareil, c'est super.

peut durer (trop) longtemps et n'apportera pas grand-chose.

Glisse une info pertinente qui fait basculer la scène.

JOUEUR 1 : On est super bien ici, non ?

JOUEUR 2 : Oui, j'espère que tu ne vas pas encore tout gâcher avec tes sales histoires d'héritage.

C'est tout de suite beaucoup plus intrigant.

Arrête de réfléchir à ce que tu vas faire. Agis et ensuite sois à l'écoute de ce que tu ressens, imagine le résultat de l'action, réagis à l'action de ton partenaire. Une fois de plus, ne décris pas ton action. Ne dis pas que tu es triste, gai ou en colère... Sois-le !

Arrête de procrastiner

Deux improvisateurs préparent un braquage :

JOUEUR 1 : On le fait ?

JOUEUR 2 : Oui on devrait.

JOUEUR 1 : On le fait maintenant ?

JOUEUR 2 : Ça fait longtemps que je rêve de le faire.

JOUEUR 1 : Et si on attendait un peu ?

JOUEUR 2 : Allez, je crois qu'on devrait le faire.

Ça peut être rigolo trente secondes (Oui, exceptionnellement ça peut faire une impro très courte...), mais... à un moment donné, il faut le faire !

À force de tourner autour du pot, le public s'impatiente. Il veut vous voir faire l'action.

L'impro dure trois minutes ?

Si tu mets trois minutes avant de sauter en parachute, debout au bord de l'avion, paralysé avec quelqu'un derrière toi qui crie « Go ! Go ! Go ! » Et que toi, tu dis « je ne sais pas si... j'ai plus envie... Pas vraiment mon truc », ça va être long... TRÈS LONG.

À la place de ton partenaire, je te pousse « dans le vide » au bout de vingt secondes.

Conclusion :

Arrête de dire que tu vas le faire, fais-le !

N'aie pas peur de te planter !

Ce que tu proposes est toujours mieux que ce que tu ne proposes pas !

Donne ce qui vient !

Fais-toi confiance, tu es la hauteur. Tu as les ressources suffisantes à portée de mains (écoute, agis, interprète, propose...).

Ne cherche pas une autre idée que la première idée.
Ne dévalorise pas l'idée qui te vient.
N'aie ni honte ni peur du jugement à propos de ton idée. Accepte ce que tu as à proposer au moment où l'idée se présente, ne la rejette pas parce que tu ne la trouves pas bonne, parce que tu n'en as peut-être pas d'autre.

Tes idées valent de l'or !

Ne cherche pas à être absolument drôle ou à trouver une idée drôle ou que tu penses être plus drôle que celle que tu as en tête.
Toutes tes idées sont lumineuses, que personne ne te dise le contraire !,
Et ce n'est pas parce que tu estimes avoir raté une scène qu'il faut te sentir dans l'obligation d'entrer dans les cinq scènes suivantes pour prouver au

monde que « tu es capable ».

Parfois, tu penses avoir merdé alors que le public a adoré la scène. Tu ne peux pas tout maîtriser et tu ne dois pas essayer de le faire.

Perds le contrôle et vois où cela te mène. Ne juge pas tes idées ni celles de ton, ta, tes partenaire(s) pendant que vous jouez, ce serait une perte de temps et tu perdrais le fil de l'histoire.

Surprends tes partenaires,
Surprends le public,
Surprends-toi !

Personne ne devrait pouvoir deviner l'histoire qui sera proposée, sinon, c'est qu'elle a déjà été vue ou revue voire archi revue.

Tu ne te trompes pas

En improvisation, il n'y a pas d'erreurs, il n'y a que des opportunités.

Tu as tenté quelque chose qui n'a pas été entendu, ni vu ni pris en compte par tes partenaires ?

Ne le répète pas, passe à autre chose.

Tu as fait une blague qui n'a fait rire que toi ?

Ne t'en offusque pas, ne te laisse pas déstabiliser, continue de jouer.

N'oublie pas que quand tu fais une vanne sur scène, c'est ton personnage qui la fait (sauf en méta impro, voir chapitre « Les parachutes » p.104).

« Si tu n'échoues pas de temps en temps c'est que tu ne fais rien de très innovant »

Woody Allen

Profite de l'accident

Tu as écorché un mot ?

Ton partenaire a dit un mot à la place d'un autre ?

Tu as trébuché ? N'ignore pas l'accident, n'essaie pas de le rattraper. Utilise-le. Il fait maintenant partie intégrante de la scène puisque le public l'a vu.

Laisse-le te surprendre et t'inspirer. Ton partenaire se trompe dans le prénom de ton personnage ? Il y a peut-être une raison à cela (son personnage t'appelle par le prénom de sa maitresse, celui de sa mère tyrannique...).

Évite la boucle infernale

Il nous arrive, par manque d'idée ou d'inspiration, de faire tourner en boucle la seule idée de la scène. Et, comme pour le refus, cela bloque l'histoire au lieu de la faire avancer. Ne reste pas dans la boucle infernale de l'impro bavarde qui ne raconte rien.

Sois utile (pas futile)

N'entre pas parce qu'un personnage a été cité dans une réplique.

Souvent lorsque deux improvisateurs échangent et évoquent un personnage, un troisième comédien entre immédiatement en fond de scène...

Ce n'est peut-être pas utile.

Tu ne me crois pas ?

Balance dans une impro une phrase du genre :

« Papa n'avait pas dit qu'il passerait aujourd'hui ? » et regarde ce qui se passe autour de toi.

Un bon improvisateur doit aussi savoir quand la scène n'a pas besoin de lui. Une improvisation peut devenir confuse voire carrément bordélique et perdre en intensité ou en compréhension lorsqu'elle est « surpeuplée ».

Ne t'impose pas

Ne sois pas le personnage de trop dans cette scène, sous prétexte que tout le monde est rentré sauf toi, et que tu mérites ta place dans l'histoire.

Ne reste pas pour rien

Tu n'as plus rien à dire, ou pire plus rien à faire dans l'histoire : disparais (subtilement) !

Ta présence n'est peut-être pas ou plus nécessaire. Il faut aussi savoir s'effacer.

C'est agaçant de voir un improvisateur qui ne veut

pas sortir sous prétexte qu'il « n'avait pas envie », ou parce qu'il pensait pouvoir dire quelque chose, ou mieux (comprendre pire) qui reste au cas où... On ne sait jamais, « imagine s'ils avaient eu un bug, ou si l'histoire avait ramé » ...

En attendant, le public voit un personnage qui tourne en rond en arrière-plan, en fond de scène, qui piétine ou reste assis dans un coin, prêt à bondir, peut-être... ou pas. Et ça, c'est vraiment moche....

Laisse-toi mourir

Ne refuse pas de mourir.

On connaît tous un improvisateur qui, dans une impro « À la manière de Shakespeare », refuse la fiole de poison qu'on lui tend ou qui la cache dans sa poche et ne la ressort jamais. Ou la joueuse qui tombe raide morte et se relève dans la peau d'un autre personnage parce que la scène est à elle.

Ta mort peut être le déclencheur d'une grande histoire (dont tu ne vivras peut-être pas tous les événements, mais dont tu feras partie intégrante, dont tu seras peut-être l'inspiration).

Ne tire pas la couverture à toi

Quand deux comédiens sont déjà en scène, le héros est sans doute déjà là.

Quand tu entres, n'essaie pas de tirer la couverture, c'est déjà fait, mets-toi plutôt à leur service. Reste humble et ne cherche pas à attirer tous les regards.

Tu n'es pas obligé de toujours être le leader de l'impro. Aide ton partenaire à avoir le lead, si tu sens que son personnage doit l'avoir. Méfie-toi de ton égo.

Il peut te rendre la vie difficile !
Sauf si ÉGO signifie :

Échange - Générosité - Ouverture

Mène quand il faut mener, suis quand il faut suivre !

Ne fais pas ton one man show

Certains improvisateurs oublient qu'ils ne sont pas le centre du monde et livrent un one man show (toujours les mêmes blagues et les mêmes personnages). Ils pensent même que le public vient les voir pour ça.

Pire, certains improvisateurs imitent leurs humoristes préférés et même leur piquent des vannes qu'ils replacent dans les shows. Le public ne s'y trompera pas.

Sois honnête

Le public vient voir des comédiens imaginatifs pas des plagiaires ou des (mauvais) imitateurs de Paul Mirabel, Florence Foresti ou Jérémy Ferrari.

Ne cherche pas l'approbation du public, comme le stand-upper.

Le stand up et l'impro n'ont rien à voir.

L'humoriste apprend son texte et le récite comme s'il l'improvisait de la manière la plus naturelle possible. Il peut parfois improviser un peu avec le public, mais souvent tout cela est très écrit. De plus il est seul, il peut donc avoir toutes les lumières de la salle pour lui. Toi, tu dois faire en sorte que tes partenaires soient dans la lumière et vice-versa.

Engage-toi

Vis chaque scène avec sincérité. Fais-en sorte que tes réactions soient naturelles et ne paraissent pas exagérées. Laisse l'histoire prendre le dessus sur toi. Ne pense pas à l'image que tu renvoies, fais ce qu'il y a de plus juste pour la scène dans laquelle tu as voulu jouer.

Ose les silences !

Ne crains pas le silence entre deux répliques. Très souvent, un silence en dit plus que des milliers de mots. Un silence bien senti peut créer une ambiance et amener ton partenaire à plus de propositions et à se dévoiler.

Respecte le silence de tes partenaires

Ce n'est pas parce que les improvisateurs ne disent rien qu'ils sont « à sec ». Ne brise pas ce moment qui peut être un moment d'amour, de tension, un moment magique entre deux improvisateurs.

Le silence, c'est beau

Tu as proposé le silence dix fois et neuf fois sur dix un comédien est entré sous prétexte que « ça ramait » ? Ne fais pas la même chose !

Laisse tes partenaires installer l'ambiance. Le silence entre deux amoureux est magnifique et tu laisses au public le soin d'imaginer ce qui va suivre.

Le silence entre deux voyous peut être un silence pesant.

Le silence peut présager de tellement de choses. Il peut être un signe avant-coureur d'une dispute, et si en plus tu ajoutes une petite musique là-dessus, le spectateur peut se laisser emporter par l'émotion générée par ton silence.

Le silence est une offre de jeu, accepte-le

Le silence aide à faire la transition vers autre chose, à faire une rupture dans le ton de la scène et parfois même à provoquer le rire sans le chercher.

Le silence peut également marquer un moment gênant (après une petite révélation par exemple).

Par exemple :

Dans un salon, à l'heure de l'apéritif :

Le comédien 1 se dirige vers le bar.

Le comédien 2 affirme quelque chose qui met son partenaire dans l'embarras :

« Je t'ai vu embrasser la femme de Jean ».

Les comédiens ne parlent plus (c'est le « silence gênant », il peut durer quelques secondes).

Le comédien 1 regarde le comédien 2 et enchaine en changeant de sujet de conversation : « Whisky ou Martini dry ? »

Une « petite bombe » (l'adultère, par exemple) est posée. Elle sera évidemment réincorporée plus tard dans la scène.

Garder le silence après avoir dit une phrase légèrement choquante ou une petite révélation, par exemple, est particulièrement efficace : cela prolonge l'effet obtenu. Le public retient son souffle ou pousse un « Oh ! » de surprise... Il est en attente de la suite.

Tout ce que tu dis est capital

Tout ce que tu dis sur scène a un impact parce que tout ce que tu dis prend consistance. Toute idée énoncée sur scène devient une idée qui existe. Tout ce qui est dit existe et ne peut être ignoré. Le moindre mot est important. La moindre idée peut faire basculer l'histoire.

Sois efficace, net, précis et concis

N'ajoute pas de détails superflus, inutiles au déroulement de l'histoire.

Tu as acheté de la viande chez le boucher ? OK, mais ajouter que tu as acheté 250 grammes de saucisson de cheval et un pâté de tête ou énumérer une liste de courses faites dans le supermarché d'à côté... Est-ce utile ? Ce n'est intéressant que si ce que tu dis a un impact sur ton partenaire.

Ne mets pas d'enjeu supplémentaire

Dans les scènes courtes (aux alentours de trois minutes), ce n'est pas la peine d'ajouter des enjeux aux enjeux qui sont déjà sur scène.

Par exemple :

Enjeu 1 : Je dois réussir mon rendez-vous pour un emploi et je dois maitriser mon tic de langage.

Enjeu 2 : Je dois trouver de quoi m'habiller pour cet entretien, mais j'ai jeté mon costume de mariage.

Enjeu 3 : Avant mon rendez-vous, je dois aller faire les courses et c'est un jour de grève dans les transports...

Enjeu 4 : Ma femme me trompe avec mon meilleur ami et j'engage un détective privé pour avoir des preuves.

Garde l'enjeu important qui mérite qu'on lui consacre une scène entière (le premier enjeu qui émerge, sans doute). En ajoutant et modifiant l'enjeu trop souvent, tu effleures, tu n'explores rien et l'histoire devient brouillonne.

Sur un format long, les enjeux peuvent évoluer (encore que...), mais dans une forme (très) courte, va directement à l'essentiel. Et surtout garde ton objectif en tête (voir chapitre « L'objectif » p.139) !

N'abaisse pas l'enjeu

Si ta partenaire casse ta voiture, ne dis pas :

« Encore un accident ma chérie, tu ne changeras jamais », dis plutôt :

« Elle est au garage ? Et l'argent liquide sous les sièges tu y as pensé ? »

Kenn ADAMS (improvisateur américain) donne cette astuce pour faire monter l'enjeu : il utilise une phrase du type « Mais, il y a tellement de risque, parce que... ».

Donne-nous une tranche de vie

Imagine que la scène se passe dans la pièce juste à côté. Si tu entrouvres la porte, est-ce que tu vas voir deux personnes qui se disent « bonjour, qu'est-ce que tu fais ici ? » ou plutôt un moment de vie ? Une conversation déjà commencée, une engueulade, une réconciliation, un vendeur qui conclut une affaire ?

Pourquoi la scène ne pourrait-elle pas commencer alors que les deux personnages sont ensemble depuis 10 minutes ? Une heure ? Une journée ? Une semaine ? 10 ans ? Une vie ?

Est-ce que vos impros doivent avoir obligatoirement un début, un milieu et une fin, surtout si elles ne durent que trois minutes ?

Est-ce que tu peux faire une impro à la manière de Molière de trois minutes qui raconte toute l'histoire, ou est-ce que vous allez en improviser un passage, un extrait, une scène (la rencontre avec les parents, la déclaration d'amour, la leçon d'escrime...) ? Parfois, à vouloir trop en donner au spectateur, on ne donne qu'une histoire confuse dans laquelle les enjeux s'enchainent trop vite et ne laissent pas le temps de respirer. En trois minutes, tu peux présenter de beaux personnages dans un instant ou une situation donnée. À vouloir aller trop vite, rien n'est abouti, tout est effleuré. Une tranche de vie ne signifie pas pour autant jouer quelque chose de trop réaliste (ou d'ennuyeux) tout le temps. Tu peux très bien jouer une tranche de vie dans un western, un film de science-fiction, un conte de fées... Une tranche de vie est une excellente manière de placer une plateforme (une situation initiale) avant que tout bascule (voir chapitre « C'est quoi une histoire » p.167).

Reste dans le présent

Ne passe pas trop de temps à dire ce que tu vas faire demain, ou ce que tu penses faire un jour, ou ce que tu aimerais faire. Ne sois pas trop dans le rêve de ton personnage. Vis l'instant présent avec tes partenaires de Jeu.

Le sage dit :

**« Le passé n'est plus,
le futur n'est pas encore,
seul le présent se vit maintenant »**

Recentre la scène sur vous

Arrête systématiquement de parler de quelqu'un qui n'est pas sur scène, de ce voisin qui t'a cassé les pieds hier, de cet agent de police qui t'a arrêté au feu rouge... Le public s'en moque car ils n'existent pas.

Le public veut savoir ce qui se passe entre vous deux, pas que tu racontes ce que ta belle-mère a fait au dîner avant-hier sauf si ce repas est un élément perturbateur.

Vous êtes 2, 3 ou 4 sur scène. Si chacun sait qui il est, la relation qui vous lie, où vous êtes et la situation dans laquelle vous êtes... C'est déjà beaucoup d'éléments pour improviser. Commence par gérer tout cela avant d'ajouter un élément extérieur anodin ou alors vas-y franchement ! Vous êtes 4 dans l'appartement et tu lances un « Le voisin est un pyromane. Je sens une odeur de brûlé... » (tu remarqueras que je n'ai pas dit : « vous ne trouvez pas que ça sent le brûlé ? » pas de question, direct à l'essentiel !).

Utilise ce qui est déjà sur scène à l'instant présent.

Sois un expert

Dans de trop nombreuses scènes, les comédiens « débutent dans le métier » et disent des phrases du type « Oh, vous savez, c'est mon premier jour. En fait je n'y connais strictement rien à la fission nucléaire. Attendons le professeur bidule », « J'ai pris mon poste hier, je ne pourrais pas répondre à votre question », « Je ne suis que l'apprenti, le patron est absent » etc.

Non ! Sois le pro : « Je vais vous dire, des failles subméridiennes j'en ai vu, mais comme celle-là, jamais. Je crois bien que tout va péter ! ».

Ne sois pas le débutant, soit l'expert en tout.

Tu ne connais rien dans le domaine évoqué (et le public non plus), mais ton personnage connait, ton personnage maitrise, ton personnage sait faire. Sois sûr de toi, ne joue pas trop souvent les personnages qui découvrent leur fonction, métier... ça ralentit l'action.

Ne fuis pas

Tu es pris en otage et menacé de mort par un partenaire de jeu ? Ne fais pas une blague, laisse ça à Bruce Willis.

Ressens la menace, ne fuis pas l'enjeu, vis-le !

Ne contourne pas la proposition, renforce-la.

Ne fuis pas les émotions ! Tu dois pleurer ? Pleure !

N'esquive jamais une proposition qui mettra ton jeu en valeur.

Ne reproche pas

Les reproches occupent une grande place dans de nombreuses histoires. Ils servent à créer un conflit de manière artificielle. Essaie d'oublier les phrases du type : « Je te l'avais bien dit », « Si tu m'avais écouté », « Avec toi, c'est toujours la même chose », « C'est encore ta faute, je l'aurais parié » etc.

Pourquoi ne pas tenter de faire un compliment à ton partenaire de jeu, plutôt que de l'engueuler dès les premières secondes. Si la situation de base est joyeuse ou détendue, l'élément perturbateur de l'histoire n'en sera que plus intéressant à regarder et son impact, plus fort.

Ton corps est un outil

Sur scène, utilise ton corps comme un outil qui peut devenir le moteur de l'émotion, le vecteur de ton jeu.

Tu n'as aucune idée du personnage avec lequel tu vas entrer en scène ?

Prends une posture et laisse ton corps t'inspirer.

Ton corps est-il lourd ? Est-il léger ?

Que ressens-tu si tu baisses légèrement la tête, si tu montes les épaules ou mets ton buste vers l'avant... Utilise ta démarche pour te guider....

Ton corps est un outil, pas un objet

On ne fait pas n'importe quoi avec un outil. On visse avec un tournevis, on cloue avec un marteau. Un outil ne s'utilise que lorsqu'on en ressent le besoin. Il en est de même avec le corps. N'importe qui ne peut pas faire n'importe quoi avec ton corps, et tu dois t'appliquer cette même règle.

Un seul mot : CONSENTEMENT

Si vous devez vous embrasser, par exemple, alors

faites-le parce que cela fera avancer l'histoire, pas pour vous faire plaisir ou par défi et surtout, uniquement si vous en êtes d'accord (à ce propos, je recommande de faire un cercle des consentements avant le spectacle, voir le chapitre « À propos...» p.28).

Quand tu mimes

Sans accessoire, l'improvisateur mime les objets et les décors. Il utilise son corps comme seul objet sur scène, une scène souvent totalement vide. Avec son corps, l'improvisateur crée dans l'esprit du spectateur des espaces imaginaires, des personnages forts, des objets insolites.

Mime avec application

Un grand classique : tu mimes un gobelet avec la main et portes ton pouce à tes lèvres pour boire, ou encore tu mimes un téléphone avec le pouce vers l'oreille et l'auriculaire vers la bouche...

Il s'agit ici de mimes enfantins mais pas de véritables mimes.

Ta main n'est pas un gobelet, elle tient le gobelet, le téléphone portable est un objet rectangulaire que tu tiens dans la main, car ta main n'est pas un téléphone...

Applique-toi à mimer correctement.

Et n'oublie pas l'objet !

Tu as un verre à la main et soudain tu pointes du doigt ton partenaire... Où est donc passé le verre ?

David Raitt, auteur de « The improv illusionist » et passionné par le travail de Viola Spolin, (considérée comme la mère de l'improvisation moderne) et par la physicalité, donne les conseils suivants que j'ai légèrement adaptés pour l'occasion :

Les objets ont une masse, une forme, une taille...

Exerce-toi avec de véritables accessoires pour comprendre la forme, le poids et la texture de l'objet. Entraîne-toi. On ne devient pas un mime crédible sans entraînement.

Quand tu marches sur du sable ou dans de l'eau, que ressens-tu ?

Le mime doit faire ressentir au public la chaleur, le froid, la poussée du vent...

Observe comment tu retires ta veste, comment tu tiens une fourchette.

Si tu es fin observateur, alors tu pourras reproduire ces objets en mime et bluffer le spectateur.

Ce qui est remarquable avec le mime, c'est que tu ne peux jamais montrer l'objet lui-même. Il est et restera toujours invisible. C'est ton interaction avec l'objet qui le révèle.

Petite liste des caractéristiques d'un objet mimé
Sa forme

Tu peux faire tenir en équilibre un objet de n'importe quelle taille sur ta paume ouverte, mais en recourbant tes doigts ou en ajoutant l'autre main, tu nous montre sa taille et sa forme.

Son poids

En variant la vitesse et l'effort, tu nous montres à quel point l'objet est lourd.

Ton énergie

Imagine comment tu pourrais lancer une boule de bowling, une boule de pétanque ou une balle de ping-pong. Quelle énergie devrais-tu déployer ? Quelle partie de ton corps devrais tu mettre à contribution pour le faire et quel effort devrais-tu faire ?

Sa direction

Le ballon que tu viens de lancer se déplacera dans la direction que tu as choisie et, pour le montrer au public ou à tes partenaires, suis-le du regard ou avec la tête.

Le saisir et le relâcher

Tu fermes la main autour du ballon pour l'attraper. Tu l'ouvres pour le laisser partir. La direction, la position et l'angle de la main indiquent la direction dans laquelle ton objet se déplace si tu le lances.

Respecte les décors

Ton partenaire vient de mettre en place une table, un bar, des chaises, une voiture ou une porte battante. Alors pourquoi est-ce que tu entres en mimant une porte coulissante ?

N'entre pas par une porte à gauche alors que tes partenaires entrent par la droite… Ne saccage pas le décor sous peine d'entendre (et nous l'avons tous entendu mille fois) : « tu viens de marcher sur le canapé là ou je rêve ? » qui fera rire le public et ne servira à rien dans l'histoire. Les décors servent à installer la scène et à ouvrir l'imaginaire du spectateur (et des autres comédiens).

Qu'y a-t-il dans l'armoire que tu viens de mimer qui puisse être important ? Qu'y a-t-il dans le tiroir du bas que tu regardes avec insistance ?

Réagis physiquement

Les improvisateurs ont l'habitude de parler pour traverser les situations, et de réagir avec les mots. Ce qui donne des scènes statiques et riches en dialogues. Pour rompre avec cette habitude, tu dois bouger plus et agir avec tout le corps.

Ton corps sait déjà comment réagir naturellement mais sur scène avec la pression, l'enjeu du spectacle, tu as tendance à l'oublier.

Exprime tes pensées et tes émotions physiquement

Lorsque ton personnage ressent une émotion ou a une pensée importante, utilise ton corps pour l'exprimer. Comment te comportes-tu lorsque tu es heureux, en colère ou effrayé ?

Des émotions intenses jaillissent du corps. Le poing levé lorsque ton équipe préférée marque un but. L'effondrement sous le poids du chagrin. Les tremblements de rage ou de terreur. Augmenter ou diminuer l'intensité te permet d'exprimer toute une gamme de pensées et d'émotions.

Même une posture simple exprime ce que tu penses. Tout changement par rapport à une position neutre dit quelque chose et passer d'une posture à une autre est une façon de transmettre nos pensées. Le langage corporel est un outil de communication formidable lorsque nous en avons conscience.

Pour t'exercer, choisis une émotion. Ensuite, augmente son intensité de 1 à 10 (1 étant le niveau d'émotion le plus bas), puis exprime l'émotion en utilisant uniquement ton corps. Aucun dialogue n'est autorisé ou uniquement des sons émotionnels.

Utilise toutes les parties de ton corps : peux-tu exprimer la tristesse avec tes coudes ou la colère avec tes orteils ? Commence à une faible intensité, puis change le numéro (vers le haut ou vers le bas) et observe le changement. Ne passe que quelques secondes à 10, car cela peut être difficile pour le corps. Recommence avec une émotion différente.

Essaye le même exercice en manipulant un objet. Comment l'intensité émotionnelle modifie-t-elle ton activité ?

Réagis physiquement à la parole ou à la situation

Les improvisateurs se concentrent souvent trop sur ce qu'ils vont dire ensuite.

Que peut faire ton corps pour compléter et améliorer ce que tu dis ?

Lorsqu'un personnage fait quelque chose qui provoque une émotion, essaie d'abord de réagir physiquement. Maintiens cette réaction physique pendant un moment avant de dire quelque chose. Ressens l'émotion dans le corps que peut déclencher une réponse différente. Une réponse verbale peut même devenir inutile. Tu n'es pas obligé de rester immobile pendant que tu réagis. Cela peut te motiver à te déplacer vers une autre partie de la scène. Tu peux également changer d'état, de la position debout à la position assise, ou vice versa.

Développe ta conscience de la posture et du mouvement

À mesure que tu te familiariseras avec les réactions physiques, ta conscience corporelle augmentera.

Parfois, l'immobilité absolue d'un personnage crée un moment théâtral puissant. Mais avec une meilleure conscience corporelle, bouger ou ne pas bouger devient un choix délibéré plutôt qu'une mauvaise habitude. La conscience t'aide également à maîtriser les mouvements excessifs, surtout s'ils risquent de distraire ou de détourner l'attention des autres joueurs.

Comment le jeu corporel peut t'aider

Les objets et les activités donnent aux scènes un sens du lieu et des raisons d'agir. Mais leur objectif principal est de t'aider à exprimer la vie intérieure de ton personnage sans avoir recours au dialogue.

Imaginons que le personnage de ta partenaire dise quelque chose qui te contrarie. Tu réagis physiquement en changeant d'état, en te levant de ta chaise avec dégoût, par exemple. C'est le moment idéal pour explorer l'environnement. Tu peux peut-être traverser jusqu'à une porte et lui ordonner de partir.

Dans une autre scène, tu organises une fête et tu sers des boissons. Le personnage séduisant avec qui tu sympathises te demande si tu veux aller dans un endroit à l'abri des regards. Peut-être réagis-tu en renversant le vin ou en écrasant le verre dans ta main. Tout le monde sait exactement ce que tu ressens sans que tu aies dit un mot.

Une fois que tu auras acquis l'instinct d'agir physiquement, des choix comme ceux-ci te viendront plus naturellement.

Encore une fois, le mouvement constant ou le travail sur un objet peuvent être aussi gênants et artificiels que l'absence de mouvement. En développant la conscience corporelle, tu sentiras sur le moment si l'immobilité ou le mouvement est important et seras capable de réagir en conséquence.

Entraîne-toi à jouer avec tout ton corps. Essaie de te concentrer sur ce que ton corps ressent lorsque tu es dans une scène.

Quelque chose de provocant vient de se produire ? Change ton état physique en réponse : traverse la scène, assieds-toi ou prends un objet pour le manipuler.

L'attitude

C'est la base absolue de l'improvisation physique. Même si tu manipules des objets et des activités imaginaires, ils sont réels pour ton personnage et par conséquent pour le public.

Si tu as l'attitude du « faire semblant » de faire l'activité avec un objet « imaginaire », tu auras l'air détaché. Le public peut voir que tu n'y crois pas, donc lui n'y croit pas, non plus. Engage-toi dans tes personnages et leurs activités et tu deviendras naturellement plus regardable.

Le but de l'activité

Les scènes avec une activité particulièrement intense peuvent retenir l'attention du public parce que tu résous physiquement un problème à enjeux élevés.

La plupart du temps, cependant, les activités sont plus banales. Dans ces scènes, le but de l'activité est d'ajouter de la couleur et de la profondeur au personnage et/ou à la scène. Elle ne doit pas être le centre d'attention. Garde l'activité en arrière-plan et n'en parle pas. Quand l'improvisateur parle de ce qu'il fait, cela devient vite ennuyeux.

Développe ton activité

Un personnage courant dans l'improvisation est le concierge ou la femme de ménage, qui apparaît en arrière-plan pour prodiguer des conseils pendant qu'il/elle nettoie les lieux. Souvent, l'artiste qui joue ce personnage se contente de balayer le sol, encore et encore, jusqu'à endormir tout le monde.

À chaque fois que tu te retrouves à faire un mouvement répétitif pour une activité, change-le !

Le personnage de la femme de ménage peut passer la serpillère, mais il peut aussi vider les poubelles, nettoyer les fenêtres ou le bureau, ramasser toute cette poussière… (Tout cela sans parler de son activité, une fois encore.)

Tu veux donner des informations émotionnelles ? Bouge !

Dans « A Subversive's Guide to Improvisation », David Razowsky écrit :

« *Alors, pourquoi faire une activité ? Parce que votre partenaire recueille des informations émotionnelles précieuses en observant COMMENT vous versez un verre de lait, sciez une planche de bois ou repassez des vêtements. Souvent, les improvisateurs ne se rendent pas compte que leur partenaire transmet des sentiments à travers une activité. Par exemple, ils regardent leur partenaire remuer quelque chose dans un saladier sans voir comment il le fait. Remue-t-il rapidement, avec hésitation, avec colère ? Au lieu de cela, ils parlent de l'activité, ce qui conduit à un dialogue stupide du type : « Tu t'y prends mal. » Ou « Mmm, j'aime la pâte à biscuits. »*

Alors, utilise ton activité pour faire des offres émotionnelles et non verbales. Et sois attentif aux offres similaires provenant des activités de tes partenaires. Fais des suppositions à partir de ce que tu vois et agis en conséquence.

Tu as l'impression d'être resté immobile pendant un certain temps ? Bouge !

Expérimente le langage corporel. Mets-toi dans une position neutre, puis change de posture sans le prévoir. Regarde ce que la nouvelle position suggère.

Tu peux le faire devant un miroir ou avec un partenaire qui te dit ce qu'il voit.

Ce n'est pas un jeu de devinettes : voyez simplement si vous remarquez comment différentes postures peuvent vous raconter une histoire.

Les scènes avec des activités peuvent devenir ennuyeuses. Notamment quand l'activité devient le sujet principal du dialogue.

Tu ne sais pas quoi dire ? Bouge !

Jimmy CARRANE, improvisateur américain, donne ce conseil aux élèves « coincés dans leur tête » :

« Bougez votre corps et les mots suivront »

Il ajoute :
« Aussi simple que cela puisse paraître, lorsqu'ils bougent leur corps, ils finissent la plupart du temps par dire quelque chose qui les surprend. Ils passent de l'immobilisme à la brillance.
Tout ce qu'il faut, c'est un peu de foi. »
Source : jimmycarrane.com
(traduit par l'auteur)

À propos...
de la catégorie et du thème

Ou comment jouer librement dans un cadre donné.

Quelle différence fais-tu entre une improvisation de « Catégorie libre » ou une improvisation « À la manière de Molière », « en rime », ou encore «une épistolaire » (les improvisateurs communiquent par l'envoi de courriers improvisés) ?

La catégorie donne le cadre dans lequel il va falloir évoluer, improviser, créer une histoire.

Mais la catégorie reste un cadre. La catégorie ne fait pas la qualité d'une impro. Elle peut soutirer des sourires voire des rires (par exemple lorsqu'un joueur se trompe de lettre dans une catégorie « abécédaire », catégorie dans laquelle chaque joueur commence sa nouvelle réplique par la lettre suivante de l'alphabet), mais ce n'est pas l'impro qui les produit. Si tel est le cas, il est problématique que ce soit la catégorie qui fasse le show.

Car, en soit, la catégorie donne le cadre dans lequel va se dérouler l'histoire qui va se jouer. Souvent, c'est une simple contrainte, mais elle peut mettre l'équipe en difficulté si celle-ci ne la maîtrise pas (pour jouer une scène « à la manière de Molière », encore faut-il en avoir les codes).

Alors certes, cela peut donner des impros que le public qualifiera de « spectaculaires » (« Whoua ! ils ont improvisé en supprimant la lettre « T » de tous les mots »), mais quel intérêt avait l'histoire en elle-même sans la contrainte ?

Dans de nombreux ateliers, on peut s'apercevoir que les participants n'apprennent pas à improviser, c'est-à-dire à créer de manière spontanée. Ils apprennent à faire « un doublage américain », « un diaporama », « un carré hollandais, belge, islandais, espagnol ou carré d'as... », mais pas les fondements de ce qu'est improviser.

Si les joueurs peuvent s'affranchir de la catégorie pour jouer librement, alors ils gagnent en virtuosité car ils deviennent capables de jouer dans n'importe quel cadre et peuvent s'adapter à n'importe quelle catégorie même quand celle-ci ressemble à un vulgaire jeu apéro (non, je n'ai rien contre les jeux apéro, mais lorsque la catégorie y ressemble, cela laisse à penser que tout le monde peut improviser un peu trop facilement).

Certains joueurs pensent que la catégorie est leur meilleure alliée sur scène, pourtant la catégorie rend l'impro artificielle voire « casse-gueule » surtout quand le maître de cérémonie (MC) ou l'arbitre du match annonce « Je vous ai mitonné une nouvelle caté pour ce soir, je ne vous dis rien, mais ça va être terrible... ». Quel est l'intérêt d'une catégorie inventée pour mettre les joueurs dans l'embarras ? Cela fera peut-être rire le public, mais aura-t-il vu une scène de qualité ?

En résumé, la catégorie ne vaut que si elle laisse la possibilité aux joueurs de s'exprimer et met en avant leur capacité à improviser.

En plus de respecter une catégorie, les joueurs vont vouloir (voire devoir) absolument respecter le thème. Les thèmes sont choisis de plusieurs manières. L'arbitre peut les écrire en avant-match, le MC peut les choisir en direct (Ha, ce fameux «Public, donnez moi un mot » au risque d'entendre pour la millième fois « Ornithorynque » ou « Anticonstitutionnelle-ment »).

Le thème, si thème il y a, doit donner une impulsion, une inspiration, une sensation, bref, aider à dévelop-per la créativité.

Alors, on est bien d'accord que le public s'attend à ce que le thème soit joué ou au moins prononcé. Mais en réalité, peu importe que le mot (adjectif, lieu, objet du quotidien) le soit ou non. En effet, tout comme pour la catégorie, quel intérêt pour le MC, par exemple, de choisir un mot inconnu de tous (y compris par 99% du public), si ce n'est pour, à l'issue, dire que le thème n'a pas été respecté ? Cela peut amuser le spectateur, mais peut aussi le laisser per-plexe.

Conclusion :

La catégorie et le thème doivent être choisis dans une seule et unique optique : aider les improvisateurs à créer un spectacle de qualité.

Dans la série :

« Calme-toi avec...»

Parce que tu sais (ou penses) qu'elle fonctionne, tu places toujours la même blague ou presque, dans la même situation.

Parce que tu sais que tu fais rire avec cette grimace, elle ressort régulièrement.

Parce que tu maîtrises cet accent à la perfection (d'après ton entourage très proche), tu le places dans chaque spectacle.

Tu aimes détourner les mots pour détourner les thèmes. Cette rubrique est pour toi.

Calme-toi avec les gags

Ce n'est pas parce que le public aime les blagues un peu coquines qu'il faut en mettre à toutes les sauces.

Les tartes à la crème, tu oublies !

Les peaux de bananes, tu oublies aussi.

Choisis plutôt de faire un clin d'œil à l'actualité. Ça, ça peut fonctionner et rendre le public complice.

Calme-toi avec les jeux de mots

Le thème est « ascenseur » : oublie tout de suite l'idée du type super fort déguisé en religieuse.

C'est une (mauvaise) idée, mais ce n'est pas une histoire.

Calme-toi avec les accents

Imiter l'accent belge en mettant « une fois » à la fin de chaque phrase, c'est has been aussi et ça ne fait pas un accent.

On connaît tous un improvisateur qui veut faire l'accent belge qui se transforme en accent allemand ou québécois au fur et à mesure de l'impro, quand il ne disparaît pas tout simplement. Et là, tu en profites pour glisser un « tu n'avais pas un accent avant ? Tu me mentais donc depuis tout ce temps ! ». Ne mens pas, on l'a tous vu (ou fait).

Calme-toi avec les rebondissements

On t'a souvent parlé de la loi de Murphy ou de la théorie du pire, « à la Mister Bean ».

Et tu penses que cela peut sauver toutes les impros. Eh bien non ! Cela peut être utile mais pas tout le temps (voir le chapitre « parachutes » p.104).

Reste simple.

Vous êtes à moto, vous avez un accident avec des braqueurs qui sortent d'une banque, vous partez en courant, vous vous égarez en forêt, vous entendez un vaisseau spatial, il en sort un alien avec la tête de ta grand-mère, tu en laisses tomber ta cigarette, ce qui met le feu à la forêt… STOP !

Il y a sans doute des idées à creuser là-dedans avant de passer à l'action suivante qui n'est là que pour combler la fameuse peur du vide de l'improvisateur.

Pour relancer une histoire, il n'y a pas nécessairement besoin d'une montagne sacrée, d'une tribu cannibale ni d'un trésor englouti...

Calme-toi avec les armes à feu

Tu ne peux pas, quand cela t'arrange, sortir une arme à feu virtuelle (en fermant le poing et en pointant l'index et majeur comme les enfants) comme si de rien n'était de ta poche de pantalon et menacer ton partenaire.

Garde ça pour une « Tarantino » ou une impro d'espionnage ou « Roman Policier ».

Tu n'as pas non plus toujours un couteau sur toi.

Très souvent l'arme sert à débloquer artificiellement l'impro parce que tu trouves qu'elle s'essouffle et que tu souhaites y apporter un peu d'action.

Calme-toi avec les blagues misogynes, homophobes ou racistes
(je dirais même : arrête ça tout de suite !)

Pour, soi-disant, désamorcer et dénoncer.

Si tu veux faire un spectacle engagé, fais-le finement et de manière intelligente ! (Tu peux même en faire un concept à part entière)

Calme-toi également avec les remarques sur le physique « réel » de ton ou ta partenaire.

Si tu dois le faire, alors, montre au public que ça se passe entre les personnages et pas entre improvisateurs.

Ne vexe pas ton partenaire sur un détail qu'il n'aime pas en lui.

Dire à un personnage qu'il doit faire un régime alors que l'improvisateur.rice est peut-être complexé.e n'est pas une bonne idée.

Calme-toi avec les décors

Deux improvisateurs traversent une forêt et l'idée te vient de jouer un arbre, immobile, les bras en croix en fond de scène… Reste en réserve (dans la ligne de fond, sur ta chaise…) et attends que ça passe.

Un jardinier arrose ses fleurs et tu as soudainement une grosse envie de jouer une tulipe ? Laisse tomber, joue plutôt la maîtresse de maison ou l'amant caché dans le jardin…

Ton partenaire est un prêtre ? N'incarne pas Jésus sur une croix en fond de scène pour que le public comprenne que vous êtes dans une église…

Si, dans une comédie musicale, la princesse traverse une forêt enchantée, là, je suis d'accord pour vous voir jouer un chœur de sapins ou d'animaux sauvages.

Calme-toi tout court

Ce n'est pas parce que le jeu est calme qu'il est ennuyeux.

Souvent les improvisateurs bondissent partout.

Ils veulent absolument parler en premier, prendre le lead.

On peut très bien rester silencieux, faire un simple signe de tête et provoquer l'intérêt du public.

Et arrête avec ça

Tu es sur un bateau qui coule ?

Ne t'écrie pas « Je suis le roi du monde ! », les bras en croix derrière ta partenaire et ne chante pas (faux en plus) « My heart will go on » de Céline DION.

Ne creuse pas un tunnel avec une petite cuillère pour t'évader de prison.

Ne mets pas la tête entre les jambes d'une partenaire pour simuler un accouchement.

Ne mime pas un oiseau qui traverse la scène en imitant le cri de la mouette, simplement pour mettre une ambiance méditerranéenne, et aller te rasseoir juste après.

Dans un western, ne joue pas le croque-mort qui mesure les cow-boys avec son mètre-ruban pour préparer les cercueils et arrête avec les portes battantes qui grincent et le « cling » des éperons quand tu marches, cigarette au bord des lèvres.

Et évite la facilité.

Quand ton partenaire s'approche un peu trop près, ne te bouche pas les narines en prétextant qu'il a mauvaise haleine, pour faire rire le public.

Quand tu as un secret à dévoiler ou un reproche à faire, ne t'embarque pas directement sur une histoire de coucherie, d'amant, de maîtresse...

À propos...

du genre

Sur scène

Il arrive très fréquemment de voir sur scène des joueurs masculins incarner (ou plutôt jouer à être...) un personnage féminin, avec tous les clichés qui vont avec (ils se remontent la poitrine avant d'entrer en scène pour bien montrer qu'ils ne vont pas jouer « leur sexe », ils ont une façon stupide de parler qu'ils ont vu à la TV dans des séries idiotes ou mal doublées...) ou jouent les personnages gays à grands renfort de mimiques dignes de « La cage aux folles » puissance 10.

Tu es un garçon

Accepte que ce ne soit pas toi qui mènes toujours l'histoire.

N'oblige pas ton ou ta partenaire à t'embrasser.

Ne profite pas d'un câlin pour toucher les seins de ta partenaire sur scène parce que ton personnage est un pervers ou que ça te semble plus réaliste.

S'il y a des filles dans ton équipe, laisse-les jouer. Ne joue pas le rôle d'une fille à leur place (surtout si c'est pour jouer une secrétaire ou une femme de ménage avec un accent « cliché » portugais sans intérêt...).

N'oblige pas ta partenaire à jouer ta secrétaire, ta femme objet ou ta maîtresse éplorée un peu niaise.

La prochaine fois, fais du personnage de ta partenaire ta chef d'équipe, ta supérieure, ton modèle...

En atelier ou en débrief de spectacle, arrête avec les

« tu dis ça parce que tu es une fille », « un mec n'aurait pas fait ça », « c'est plus crédible quand c'est Patrick qui le dit » ...

Tu es une fille

Ne crains pas d'être belle.

Ne crains pas d'être laide.

Ne crains pas de jouer des personnages un peu rustres.

Arrête d'être la fille effarouchée, tu peux être la serial killer !

Ne te laisse pas enfermer dans les stéréotypes (la bombasse avec l'accent russe, c'était peut-être bien un jour, dans une impro, mais pas dans toutes.).

Tu n'es pas une potiche !

N'accepte pas le baiser sur la bouche à contre-cœur, il y a d'autres belles façons de montrer l'amour.

Ne laisse pas ton partenaire te traiter en petite fille.

Tu peux être (et tu l'es) plus intelligente qu'Einstein !

Cassez les codes

Sois un garçon tendre, une fille cruelle, ambitieuse ou criminelle.

Sois un garçon sentimental, fragile, sois une chercheuse d'or, une aventurière.

Sois une fille casse-cou, un garçon délicat et sophistiqué !

Les choses évoluent mais on peut encore aller plus loin !

Un garçon peut très bien commencer une impro en lavant la vaisselle et une fille en réparant un moteur

de voiture sans faire la grosse voix du mécano qui renifle et qui remonte son pantalon en disant :
« Z'avez rendez-vous, ma p'tite dame ?» en crachant par terre.

Tu ne te reconnais dans aucun genre ?
Alors sois libre d'être qui tu veux être.
N'attends pas le validation de tes partenaires.
Ne crains pas le regard des autres.
Et cela me parait aussi évident sur la scène que dans la vie et quelque soit ton genre.

Au sein de ton équipe
Soyez inclusifs.
Soyez bienveillants.
Soyez accueillants.
Travaillez sur la place du genre dans les histoires, la littérature, les films, les séries...
Ne laissez personne sur le carreau.

Puisque tu dis que tu fais du théâtre, *SANS TEXTE*, mais du théâtre quand même,

Respecte les règles du théâtre !

Pour que le spectateur ait envie de te suivre, il va falloir lui donner un beau spectacle.

Peut-être vas-tu devoir te dépasser pour cela. Il pourra arriver que tu te sentes perdu au milieu de la scène, égaré dans tes gestes, sans savoir exprimer ce tu désires ou ressens. Dans le théâtre dit « à texte », c'est « relativement facile », tout est écrit et un metteur en scène te guide. Ce qui n'est pas le cas en improvisation.

Comment te mettras-tu en scène pour, tout à la fois, faire briller tes partenaires, te faire comprendre du public et lui donner de « belles images » ?

Si tu n'as jamais travaillé en « théâtre traditionnel », ce chapitre va tenter de t'éclairer là-dessus.

Les improvisateurs ont souvent cette excuse : « Parce que c'est improvisé, ce n'est pas parfait, et c'est mieux ainsi ». La spontanéité n'excuse pas tout.

Quand on dit que tu es ton propre metteur en scène, cela doit avoir du sens. Alors, dans cette partie, je te propose de passer en revue quelques règles simples de théâtre.

Sois présent

Quand tu es en jeu, tu n'es pas toi, tu es un personnage. En tout cas, c'est comme cela que te voit le spectateur. Quand tu es au milieu de la scène, il ne voit pas un improvisateur qui regarde d'autres improvisateurs jouer, il voit un improvisateur en position de jeu. Donc, il voit un personnage prêt à intervenir à tout moment.

Dans une pièce de Molière, si le comédien qui joue Sganarelle n'a rien à dire mais qu'il est sur scène, il reste dans la peau de Sganarelle ! Voir un comédien qui hésite, qui tourne en rond, qui observe dans sa peau de comédien sur scène, c'est agaçant et dérangeant.

Reste dedans

Ne sors pas de ton personnage avant d'avoir regagné les coulisses.

Quand tu entres, tu es déjà dans la peau d'un autre. Reste « hors de toi » le temps de l'impro, même si tu es sorti du jeu. Ce sera plus facile si ton personnage doit réintégrer la scène. Ne te place pas en spectateur, au risque de manquer ton entrée.

Ne fais pas de geste inutile, ou de déplacement parasite

Au théâtre, tu remarqueras que, la plupart du temps, l'acteur ne parle pas en même temps qu'il bouge ou se déplace, cela afin de ne pas focaliser l'attention du spectateur sur le geste plutôt que sur ce qui est dit. Cela évite également que les gestes de l'acteur (donc toi, avec le stress, la tension...) brouillent les objectifs du personnage. En plus, les propositions paraissent beaucoup plus fortes quand tu dissocies le geste de la parole.

Sache où tu vas

Quand tu te déplaces sur la scène, fais-le avec un objectif clair.

Interroge-toi : pourquoi mon personnage aurait-il besoin d'aller d'ici à là-bas ?

Ne piétine pas

Piétiner, tapoter les mains sur le pantalon, marcher de long en large... Tout cela crée de l'ambiguïté sur scène et perd le spectateur.

Parle plus fort que dans la vie de tous les jours

Il faut être entendu pour être compris. Le spectateur ne doit pas avoir à prêter plus d'attention quand c'est toi qui parles.

Claque les consonnes, accentue-les, cela donnera du poids aux mots et les fera mieux entendre.

Parle plus lentement que dans la vraie vie

Souvent avec le stress, on parle un peu plus vite et parfois, ça en devient incompréhensible.

Ne tourne pas le dos au public

Au théâtre, si cela doit se faire, c'est que le metteur en scène l'a décidé (et ici, c'est toi qui l'es).
Si tu dois le faire, n'oublie pas de parler plus fort.

Positionne-toi plutôt en 3/4 public.
Quand un acteur fait face à un autre acteur, le public, qui le voit de profil, ne peut pas capter toute l'étendue de son jeu ou de son émotion, et tu joues tellement bien que ce serait dommage ! Il vaut mieux pivoter légèrement vers le public pour projeter la voix, cela donnera de la puissance à ton jeu.

Équilibre le plateau

Ne commence pas la scène trop près de ton partenaire. Ce sera plus agréable de voir en scène deux comédiens qui se rapprochent au fur et à mesure qu'ils s'aiment, se haïssent, se font des reproches ou se déchirent pour finir l'un en face de l'autre ou dans les bras l'un de l'autre par exemple, que de voir deux personnages enfermés dans un mètre carré en train de se disputer (sauf si la scène commence par un moment d'intimité évidemment). C'est ce que j'appelle « la position bâtarde du 11 » . Cela n'aide pas à la mise en place de la plateforme. Éloigné, tu auras plus de latitude. Être coincé dans un mètre carré n'aide pas ton jeu. Commencer éloignés permet à la scène de prendre place, de prendre l'espace. Collés l'un à l'autre (le fameux « 11 », un « 1 » représentant un joueur) empêche par exemple les changements de rythme brutaux (rupture, colère…). Cela peut aussi réduire les effets de tensions qu'il pourrait y avoir.

Quand ton partenaire te colle, trouve un moyen de t'échapper. Évite l'effet pot de colle. Équilibre le plateau.

S'il y a trop de monde à gauche, va plus vers la droite. Si tout le monde est à l'arrière-scène, place-toi devant et vice-versa ! Reste en fond de scène quand tu veux t'éclipser du jeu et que tu ne peux pas disparaître physiquement.

En début d'impro, observe ton partenaire : Que fait-il ? Où va-t-il ? Comment bouge-t-il ? S'il se déplace, reste immobile. Pense à l'image que reçoit le public et à l'ambiance que cela crée.

Évite de rire, reste concentré

Même quand tu fais la meilleure vanne de la soirée !
Si tu ris, intègre ce rire à ton jeu. Si tu ris sur scène, alors c'est ton personnage qui s'amuse. Le rire est un bel outil.

N'utilise pas de langage incompréhensible

N'utilise pas de vocabulaire professionnel, d'acronyme, de langue morte (sauf si ton personnage, l'action ou la catégorie l'imposent et que tu connais une langue morte). Des phrases comme « À la RATP, depuis le départ du DGCP et avec la mise en place de la RGPP, c'est devenu pire qu'au moment de la création du RGPT », ça peut être amusant à placer une fois comme un défi, mais, après, c'est plus compliqué... Le langage C++ ou Visual basic sont à bannir également sauf dans une histoire 100 % Geek, mais là tu pourrais perdre le public.

Ne mets pas d'obstacle entre le public et toi

Quel que soit ton engagement, ta conviction, ton investissement, si le public ne te comprend pas, il ne s'investira pas dans une intrigue qu'il ne suit pas. Il se méfiera de tes entrées. Il vaut mieux une idée bien exprimée, même si tu la trouves moyenne, qu'une merveilleuse idée (d'après toi) que tu n'arrives pas à défendre ou à formuler.

Si tu te trouves derrière un partenaire, un élément de décor... Fais en sorte de te dégager pour que le public sache qui parle (sauf si c'est intentionnel). L'idée n'est pas forcément de prendre le lead, mais que ce soit limpide pour les spectateurs.

Si tu pleures, les mains sur le visage, dégage-les au moins le temps de la réplique. Si tu joues un personnage essoufflé, place tes répliques de manières calculées entre deux respirations, que ce soit intelligible, même si ça ne te semble pas naturel.

Sois naturel

Tu es en colère ? Il te suffit peut-être de baisser légèrement les yeux, de respirer un peu plus fort et de ne pas dire un mot pour le montrer à ton partenaire de jeu. Trop souvent, tout cela passe par les mots et le surjeu : « Ohlalalala, comme je suis en colère !» dit cet improvisateur avec les mains sur les hanches. Cet autre se frottera les yeux pour faire mine de pleurer parce qu'il est triste « Ouin ! c'est trop injuste ! ». C'est surtout ton jeu d'acteur qui n'est pas juste tout court. PERSONNE ne fait ou ne dit ça…. Remémore-toi comment tu es triste ou en colère dans la vie réelle.

Voilà, tu viens de respecter toutes les règles du théâtre et pourtant l'histoire n'avance pas…
Alors, je te propose dans le chapitre suivant quelques « parachutes » pour t'aider à sauver la scène.

Les parachutes

À utiliser avec modération (ou pas)

Improviser, c'est un peu comme embarquer dans un avion ou dans un bateau et partir en voyage sans en connaître la destination finale.

L'objectif n'est pas d'arriver à un endroit précis, mais de naviguer sans se crasher ni couler à pic.
Le but ici est bien de ne pas se laisser entraîner ni d'entraîner ses partenaires dans une catastrophe.
Ceux-ci deviennent alors les co-pilotes sur qui il faut s'appuyer et avec qui il va falloir compter pour atterrir en douceur ou arriver à bon port, même sans tout à fait retomber « sur ses pattes ».
Pour cela, il existe de nombreux artifices ou stratagèmes qui permettront de sauver artificiellement une histoire quand vraiment (mais vraiment) plus rien ne va.

C'est ce que nous appellerons les « parachutes » ou les « bouées de sauvetage », la rampe qui te permet de redevenir stable dans les marches de l'escalier de ton récit (voir « L'escalier de l'histoire » p.182).
Certains parachutes sont très intéressants à utiliser

d'un point de vue narratif parce qu'ils relanceront l'intrigue, tandis que d'autres sont à éviter absolument car ils sont vus et revus. De plus, ils sont tellement artificiels que même le public en a assez de les voir.

Passons d'abord en revue les stratagèmes inutiles, qui ont essayé de sauver, souvent sans succès, des milliers d'improvisations. Nous les appellerons :

Les « parachutes de la honte »,

les « bouées interdites », que tu n'utiliseras qu'en ultime recours des ultimes recours (et ce jour-là, tu te diras que tu es entré dans le club des improvisateurs qui l'ont fait ! Et, entre nous, je pense que tu l'as déjà soit fait soit vécu).

Ces stratagèmes ont mis un terme à des improvisations sans fin qui se sont conclues d'une des manières suivantes.

Un comédien est entré, a fait mine de se réveiller, et s'est écrié : « Ouf, ce n'était qu'un mauvais rêve. »

Un autre a hurlé : « Coupez ! C'est dans la boîte, superbe prise, les gars. On reprend le tournage demain ! »

Ou encore un comédien s'est affalé à l'arrière de la scène et a dit, « télécommande » à la main : « Il n'y a vraiment rien à la télé ce soir ! » et a « éteint » l'impro ou encore est entré à la manière d'un animateur de télévision pour dire : « La suite demain soir à la même heure ».

Aux trois quarts de l'impro, en pleine seconde guerre mondiale, un improvisateur s'est écrié avec une voix d'enfant : « Ze ne veux plus zouer avec vous, c'est l'heure du goûter, ze veux ma maman ! », obligeant tous ses partenaires à devenir des gamins dans une cour de récréation.

Et cet autre qui lance, à cinq secondes de la fin d'une scène : « Arrêtez tout de suite et retournez dans vos chambres ou je vous remets vos camisoles ! » métamorphosant tous les personnages en patients d'un hôpital psychiatrique.

Des conclusions qui ont laissé le spectateur perplexe plus d'une fois.

Tu te sens coincé entre ton personnage et celui de ton partenaire ?
Ton équipier se positionne dans une posture qui te met mal à l'aise ?
Tu ne sais plus comment t'en sortir, ni qui est ton personnage ?
Tu découvriras dans les pages suivantes quelques astuces qui peuvent se révéler utiles et efficaces.
Encore une fois, il ne s'agit pas de recettes miracles et les utiliser à chaque scène sera très rapidement fatigant pour tes partenaires, pour le public et pour toi. Cependant, si elles sont employées avec modération, elles peuvent t'être très utiles.

Le triangle dramatique

Tu le connais sans doute sous une autre appellation.

C'est le fameux
« Bourreau, victime, sauveur »

Le bourreau peut être un personnage intimidant, agressif, autoritaire, dévalorisant, harceleur, méprisant, persécuteur, sévère, violent...
Il malmène son entourage. Il peut être revanchard, avoir une attitude désagréable, voire dangereuse, être cassant, blessant.
Si ton partenaire (son personnage) adopte ce genre d'attitude, positionne-toi en victime.
La victime peut être un personnage qui semble plus fragile, qui subit. Il craint les réactions de l'autre personnage, il étouffe ou il a l'impression d'être incompris.

Exemple :
Une scène entre un patron bourreau qui met la pression à un employé honnête (victime) pour qu'il cache de l'argent.
L'avantage de ces scènes est que tu vas pouvoir faire évoluer la relation, inverser les rôles et, par exemple, passer de victime à bourreau et inversement. La scène n'en aura que plus d'intérêt si les rôles évo-

luent : l'employé se rebelle en découvrant des secrets à propos de son patron et il le menace de les dévoiler.

Puis intervient le sauveur, celui qui propose une solution lorsque le bourreau et la victime ont bien établi leur relation. Le sauveur prendra parti pour la victime, il négociera, il prendra la défense… Il fera avancer l'histoire vers une issue possible.

Remarque :
Le sauveur n'est pas forcément un personnage, mais peut être un objet ou une solution au problème…

Exemple :
Un méchant patron (bourreau) licencie l'employé (victime).

L'employé gratte un ticket de loto gagnant (le sauveur).

L'employé se venge (bourreau), rachète son ancienne entreprise et nomme son ancien patron au poste de secrétaire (victime)…

Tu retrouveras cette typologie de jeu dans les contes, par exemple dans « Le petit chaperon rouge » :
Chaperon rouge/victime - Méchant Loup/bourreau
Chasseur/sauveur ;
Dans « Cendrillon » :
Cendrillon/Victime - marâtre/bourreau –
 Marraine /Sauveuse)
Etc.

1,2,3

Tu pourras également utiliser cette seconde bouée de sauvetage héritée de Keith Johnstone, les fameux « Status » (et non statuts ou statues).

Pour faire simple, dans une scène à trois personnages, le comédien numéro 1 a tous les pouvoirs sur les comédiens numéro 2 et numéro 3 (en gros, ils font tout ce que leur demande le numéro 1).

Le personnage numéro 2 obéit au numéro 1 et a tout pouvoir sur le numéro 3 (par exemple, il prend ses ordres du numéro 1 et les fait exécuter par le numéro 3). Le personnage numéro 3 subit.

Exemple caricatural :

Personnage 1 : « Il faut creuser un trou ici ! »

Le personnage 2 va chercher une pelle, la tend au personnage 3 : « Prends ça et creuse ! »

Le personnage 3 creuse.

Comme précédemment, les rôles peuvent s'inverser pendant la scène et donner des choses très surprenantes.

Ainsi, le personnage 3 se révolte et devient 1, le 2 prend peur et devient 3, et ainsi de suite... Cela peut donner des scène cocasses et très drôles.

On parlera de hauts status et de bas status. À ce propos, je ne peux que te conseiller de lire « Impro » de Keith Johnstone et « Jeux et enjeux » de Mark Jane.

Petit conflit et accusation

L'impro n'avance plus, vous êtes perdus au milieu de la scène, tu trouves le temps long, très long : ça ne « prend pas », rien ne décolle, c'est le calme plat… Quand soudain, tu rebondis sur n'importe quel propos anodin pour lancer un conflit qui s'envenime, encore et encore ou accuser ton partenaire de quelque chose.

Exemple :

Comédien 1 : « Reprends donc un peu de ce vin. »

Comédien 2 : « Ce vin ! Comment ça ? tu as ouvert cette bouteille que je garde à la cave depuis l'enterrement du grand-père ! »

Et hop, c'est parti pour une bonne vieille scène de ménage ou en tout cas une scène de dispute qui remue l'impro.

Bref, un rien déclenchera une tempête !

L'autre astuce est « l'accusation ».

L'impro mouline, tu rebondis sur un mot quelconque pour lancer un :

« J'en étais sûre, c'est toi qui….. ».

Secret, confidence et confession

Ton personnage a un secret, un secret que tu veux ou non dévoiler à un autre personnage, un secret qui le mettra dans la confidence, l'embarras, la connivence. Tu aimes, tu as braqué, tu as volé, tu as toujours ce cadeau d'enfance, tu aimes quelqu'un d'autre, tu t'es fait licencier… Bref, un secret qui, une fois dévoilé ou non, donnera une nouvelle énergie au jeu, voire relancera l'impro .

Ce parachute te donne en plus une émotion de jeu. Es-tu heureux de révéler ce secret ?

As-tu peur de la réaction des autres ?

As-tu honte de ce secret ?

Es tu fier de l'annoncer ?

Es-tu en colère de devoir le faire ?

Que tu le révèles ou le gardes en toi, il te nourrit.

Tu peux aussi faire une confession, par exemple : « Ce que je vais te dire va te mettre dans l'embarras, mais je ne peux plus le garder pour moi… ».

La loi de Murphy

La théorie du pire ou de l'emmerdement maximum. La loi de Murphy permet de créer artificiellement une scène dans laquelle tout va de travers pour relancer de l'action. La question à se poser après chaque événement dans ce type d'impro est : « Qu'est-ce qui pourrait m'arriver de pire ? ».

Exemple :

Je fais des crêpes.

Je lance une crêpe pour la retourner. Elle se colle au plafond qui est trop haut pour que je la récupère.

Je monte sur un escabeau qui tangue, je manque de tomber, je m'accroche au lustre qui se décroche.

Je tombe au travers du plancher sur la table du voisin du dessous qui a un chien énorme qui me poursuit.

Arrivé dans la rue, je tombe tête la première dans une poubelle au moment où les éboueurs me ramassent avec la poubelle etc.

C'est le scénario typique des épisodes de M. BEAN, par exemple.

« Pendant ce temps-là », flashback et ellipse

Pendant ce temps-là...

Une première scène commence puis une seconde scène démarre dans un autre lieu mais dans le même temps. La scène peut (ou non) avoir un lien avec la scène précédente pour nourrir l'histoire.

La version la moins subtile :

Un comédien surgit et annonce « Pendant ce temps-là, à l'usine... », « Pendant ce temps-là sur la plage ». Cela permet aux autres comédiens de mettre en scène la séquence en question et de placer un enjeu si la scène en manque, de créer des tensions supplémentaires ou de mettre en scène des personnages cités ou nouveaux.

Exemple :
Comédien 1 (le patron face aux actionnaires) : « L'usine va fermer, nous devons mettre la clef sous la porte. »
Comédien 2 entre en scène et annonce (fièrement) : « Pendant ce temps-là dans la famille Framboisier. »
Comédiens 3 et 4 (les ouvriers) : « Chérie, si l'usine ferme, comment allons-nous payer les médicaments du petit ? »

Une version plus subtile :
Comédien 1 (le patron) : « L'usine va fermer, nous devons mettre la clef sous la porte. »
Les comédiens 2 et 3 (les ouvriers) se placent en avant-scène pour se signaler aux autres joueurs, les comédiens déjà en jeu s'effacent (ils restent présents mais jouent en « muet » par exemple pour ne pas prendre le focus) : « Chérie, si l'usine ferme, comment allons-nous payer les médicaments du petit ? » l'idéal étant que le focus sur les personnages à suivre soit simple à comprendre pour le spectateur. Il n'aura alors qu'à se laisser guider. On dit souvent de cette méthode qu'elle crée des « plateaux ».

Flashback et changement d'époque
Au travers d'une même improvisation, alterner une scène au présent et une seconde dans le passé.

La version la moins subtile :
Un comédien entre et annonce « Trois ans plus tôt ».

Une version plus subtile :
Les comédiens annoncent eux-mêmes dans leur dialogue un élément du passé.
Comédien 1 : « Comme papa disait toujours, laisse ton esprit ouvert comme la porte de la salle de bains »
Comédien 2 (joue le père) entre en jeu et dit : « laisse ton esprit ouvert comme la porte de la salle de bains ». Cela pose tout de suite le personnage du père dans le passé. Répéter la dernière phrase qui a

été prononcée comme ci-dessus peut aider à construire la scène.

Il existe de nombreuses techniques pour aborder les flashbacks « à vue ». Par exemple : un comédien parle à son amie dans le présent à sa droite et parle à son père dans le passé à sa gauche dans un même espace.

Il est tellement plus intéressant à regarder ou à vivre une scène qui se déroule naturellement qu'une scène dans laquelle un joueur se met en avant-scène, tape au sol et fait signe aux autres comédiens en jeu qu'il va se passer quelque chose.

Le flashback peut dévoiler des secrets, amener de nouvelles pistes, créer des doutes (si le flashback montre que les protagonistes se mentent par exemple...).

Une petite remarque :

Ne vous étalez pas trop quand même.

Un flashback doit évoquer un moment ou un instant clé dont l'objectif est de faire comprendre une action, une émotion, ou un personnage...

Puisqu'il s'agit d'une petite histoire dans l'histoire (même si son impact peut être énorme, et faire changer la direction de l'histoire), le flashback ne doit pas durer plus longtemps que les autres scènes dans le présent sous peine de perdre le spectateur qui ne saura plus dans quelle période il est.

Trop de flashbacks tue le flashback.

Cela peut nuire au récit principal.

À trop vouloir montrer le passé des personnages dans votre narration, vous risquez de perdre le spectateur qui ne saura plus quelle histoire vous voulez lui raconter. Celle des flashes-back ou celle que vous étiez en train de jouer juste avant.

Mais bien mené, l'effet est impressionnant.

La variante, le flashforward
Le bond dans le futur.

Un petit garçon annonce « Quand je serai grand, je serai avocat » et enchaine la scène suivante en avocat : «Madame la juge, mon client… » ou à l'inverse en accusé au tribunal : « Je suis innocent, Madame la juge ».

L'ellipse
Suggérez une action sans la montrer, en passant l'étape de l'action en question. Cela peut aussi éviter d'exposer des actions qui n'apportent rien à la narration.

Sur scène cela pourrait se traduire ainsi :
vous interprétez deux braqueurs avant un braquage, mais vous n'avez pas envie de montrer le braquage.

Scène 1 : Les deux braqueurs préparent les armes, font le point des rôles de chacun, regardent le plan.

Scène 2 : un des comédiens : « Monsieur le juge, j'y suis pour rien, je ne voulais pas le faire, moi, ce braquage ».

On passe directement de la scène de préparation à la scène du jugement.

Au cinéma, on peut voir régulièrement l'ellipse la plus courante : un couple va faire l'amour et dans la scène suivante, elle/il fume une cigarette ou va chercher le petit-déjeuner chez le boulanger…

Comme pour les parachutes précédents, on évitera l'entrée du joueur qui annonce : « Le lendemain matin sous la couette ».

Aparté et
Méta impro

Deux parachutes pour expliquer ou commenter ce qui se passe sur scène. (À utiliser avec modération pour ne pas casser le rythme de jeu et ne pas vous faire sortir de l'histoire. Il pourrait être difficile de revenir dans la scène).

L'aparté

C'est le personnage qui parle au public, en « cassant la quatrième mur ». Ce que le personnage dit n'est pas entendu des autres personnages.

Par exemple :

« C'est à ce moment-là que j'ai compris ce qui se tramait… », « C'est juste après ça que tout a basculé… »

Il est possible de faire l'aparté en te détachant de la scène mais aussi simplement en te tournant vers le public pour annoncer la ligne de dialogue.

Deux personnages sont en scène, tu tournes la tête vers le public et tu annonces « Là, j'avais vraiment envie de le frapper ». Le public comprendra ton intention première et ton partenaire aura un chemin à suivre pour la suite.

Méta impro

Ici, ce sera directement le comédien qui interpellera le public en se détachant de son personnage et du spectacle. À la manière d'un humoriste qui se détache de son sketch pour parler directement au public en tant que lui-même, hors du sketch.

Cela offre au comédien la possibilité, par exemple, de faire un focus sur un partenaire ou de parler de la scène :

« Je sais qu'il déteste mimer, c'est pour ça que j'ai mis une porte ici.»

« Je suis sûr que les hommes de cette salle sont d'accord avec moi. »

« Vous avez compris quel personnage vient d'entrer ? parce que moi, je suis perdu. »

À quoi ça sert ?

Il arrive que, dans certaines impros, l'histoire soit tellement confuse qu'on ne sait plus qui fait quoi, ou même qui est qui (les personnages changent de prénoms régulièrement, un comédien appelle une comédienne « maman » et « mamie » la fois suivante… Le lieu change ou n'est pas clair…). Fais une pause dans l'action et même si cela te paraît un peu rude, replace le contexte pour le public et les autres comédiens.

Dans le comics *Deadpool,* celui-ci s'adresse directement au lecteur pour la fanfaronnade. Dans les films qui en sont issus, le personnage interpelle le spectateur en aparté mais aussi pour faire passer des messages de son interprète Ryan Reynolds à son public. Dans cet exemple, qui s'adresse aux connaisseurs de ce héros hors norme, nous sommes à mi-chemin entre l'aparté et la méta.

Choisis une émotion et vois où ça vous mène

Ton partenaire te fait une proposition « ultrabasique » (ou pas) qui ne t'inspire pas, mais alors pas du tout ou tu es tout simplement fatigué (« dans un mauvais soir »).

Choisis une émotion, joue-la et vois où ça vous mène. Pour faire simple, si tu réagis avec colère, tristesse ou joie à la réplique de ton partenaire, il doit y avoir une bonne raison à cela.

C'est un peu artificiel, mais ça fonctionne.

Laisse cette émotion croître, prendre des proportions qui n'ont pas lieu d'être mais auront un impact sur ton jeu et celui de ton/ta partenaire.

L'émotion de ton personnage vous emmènera sans aucun doute vers un sentier imprévu et de nouvelles découvertes.

À propos...
des blocages
Quelques pistes pour t'aider :

Répète mot pour mot les derniers propos de ton partenaire pour donner du poids à ses mots, dis ce que tu ressens et enchaîne avec une nouvelle idée.

Raconte une histoire sans rapport avec la scène et relie-la à ce que vous vivez. « Ça me rappelle une histoire... », « ça me rappelle la fois où... »*.

Réagis à la proposition de ton partenaire comme s'il s'agissait de la chose la plus choquante que tu n'aies jamais entendue et découvre pourquoi (en lien avec « le petit conflit » p.110).

Aie une réaction émotionnelle inattendue face à ce qui se joue et puis découvre « le pourquoi ».*

Donne à ton personnage un point de vue non conventionnel sur le sujet dont vous parlez et assume-le.

Révèle un secret, avoue quelque chose ou fais une confession*. (voir exercices ci-après)

Dis : " Je dois te montrer quelque chose." Prends cette chose dans un tiroir ou ta poche de pantalon et annonce ce que c'est. *

Regarde ton partenaire, remarque son émotion et dis :
« Pourquoi ce regard…… Triste, énervé, excité etc. »*

Utilise les phrases :
« Ce que tu viens de dire est important pour moi parce que… »

« Ça tombe bien que tu parles de ça parce que… »

« En fait, ce que tu veux plutôt dire, c'est que… »

 « Hé, on ne parle pas vraiment de… »

« Si je comprends bien ce que tu me dis… »

« Quand tu me dis que… tu ne serais pas plutôt en train de me dire que… »

Utilise « et donc… » après la proposition de ton partenaire pour qu'il précise sa pensée. *

*Source : Kenn Adams.

Deux exercices pour t'aider :
1 - le C.A.D.

(Confession, Accusation, découverte)

Source : Improvdr.com

Deux joueurs commencent une improvisation et lorsque le coach désigne un joueur :

Phase 1 - Confession :

le joueur fait une confession personnelle qui s'appuie sur la scène déjà établie. Une confession, par définition, est quelque chose qui place la culpabilité sur la personne qui parle. Elle peut être positive (J'ai toujours été amoureux de toi) ou négative. La scène se poursuit, le statu quo étant bouleversé par cette nouvelle information.

Phase 2 - Accusation :

le joueur porte une accusation qui s'appuie sur les choix antérieurs de la scène. Dans ce cas, l'accusation fait porter le poids de la culpabilité sur le partenaire de scène qui doit accepter et assumer la culpabilité du choix, pour ne pas rejeter la faute ou la vulnérabilité sur le partenaire.

Phase 3 - Découverte :

le joueur fait une découverte physique dans l'espace ou l'environnement, ce qui a pour avantage d'encourager l'action et une mise en scène intéressante. Les découvertes peuvent consister à trouver des objets ou des accessoires inattendus « Que fait ma chemise préférée dans ton placard ? », à attribuer des qualités à des éléments préétablis « Il manque tout l'argent dans notre tirelire », ou à ajouter des spécificités à l'environnement général « Ne regarde pas maintenant, mais je crois que quelqu'un nous espionne de derrière la haie... ».

Phase 4 : les joueurs alternent les 3 possibilités.

2 - « Oui, nous le savions »
Source : Will Hines (improvisateur américain)

Face à une révélation, à un secret ou à une confession, le joueur (son personnage) est souvent offusqué, choqué, dégoûté.
Mais s'il avouait qu'il était au courant, qu'il savait ?

Déroulé de l'exercice :
Quatre joueurs sont en jeu. Ils vont jouer le rôle d'amis qui sortent ensemble.
Chacun d'entre eux a une grande confession à faire.
Au début de la scène, ils doivent établir un lieu et commencer presque immédiatement à se confesser.
"J'ai une confession à faire. J'ai...."
Les aveux peuvent être grands ou petits, ridicules ou réalistes.
En réponse : les autres amis révèlent qu'ils étaient déjà au courant. "Oui, nous le savions". Ils donnent chacun les raisons pour lesquelles ils savaient déjà. Ce "oui et" confirme l'aveu et étoffe le monde dans lequel ils jouent.

Remarque : le fait que tout le monde décide de savoir ne nuit pas à la scène. Le fait d'être offensé ne fait que ralentir la scène.

En général, c'est le contenu de la confession qui est utile, et non le fait qu'elle ait été gardée secrète.

Le bonus : Il n'y a pas d'engueulade, la scène est calme, posée et amène une émotion sincère qui crée une belle ambiance et des relations intenses entre les personnages.

« S'il n'existait qu'une seule vérité, on ne pourrait peindre des centaines de tableaux sur un même sujet. »

Pablo PICASSO

« S'il y avait une seule vérité, on ne pourrait pas faire cent impros sur le même thème. »

Moi :)

Les outils de création du personnage

Pour qu'il y ait une histoire, il faut que les personnages aient un objectif, des besoins, des envies, un
passé, un présent, un avenir... qu'ils vivent leur
propre chemin et évoluent au fil des scènes.

Incarner un personnage, est-ce être dans la peau de
quelqu'un d'autre ou est-ce donner une autre version
de toi-même, un prolongement de qui tu es ?
Est-ce que tout doit être inventé de toutes pièces, ou
peux-tu t'inspirer de ce qui t'entoure, de ta journée,
de tes rencontres, de ton week-end... ?
Autant de questions qui resteront sans réponse.
Tu es déçu ? Sans doute, mais à chacun son point de
vue personnel à ce propos. L'intérêt est de
t'interroger sur tes propres pratiques.
Encore quelques questions :
Qu'est-ce qui construit un personnage ?
Est-ce un accent ? Est-ce sa taille ? Son genre ? Son
métier ? Ou est-ce plutôt son passé ? Son caractère ?
Son enfance ? Ses failles ? Ses amours, ses haines ?

Pour les romanciers, les scénaristes, les auteurs de bandes dessinées, ou les auteurs de théâtre, la question du personnage se pose de manière incontournable. Pour toi, improvisateur, c'est une question récurrente. Tu vas entrer dans une scène parce que tu as une idée de proposition, mais cette idée, par quel type de personnage vas-tu la faire passer ?

L'objectif n'est pas de construire ici un personnage tel que le font les acteurs de l'Actors Studio, mais de penser de manière rapide à quelques éléments qui vont le caractériser.

Ces éléments ne sont pas tous indispensables, et je te laisse le choix de ceux qui te conviendront le mieux : Lui as-tu donné un prénom ? A-t-il une particularité physique (taille, coiffure, lunettes, sonotone etc.) ?

Quel est son caractère ou son émotion à ce moment de la scène : peureux, courageux, frustré, en colère ?

Quelle est sa catégorie sociale ?

Est-il riche ou pauvre ? Est-il marié, célibataire ? A-t-il des enfants ? A-t-il une famille, des amis ?

Tout cela, il faudra y penser en quelques secondes. Certains comédiens travaillent des galeries de personnages « clé en main ». D'autres préféreront entrer sur scène vierges de toute information, et créer leur personnage au fur et à mesure, en direct et laisser le personnage prendre vie et venir à eux, les « submerger » en se nourrissant de ce qui a été dit précédemment à son propos, en réagissant sur le vif à une proposition du partenaire (« Tu pleures dès que tu ne sais plus quoi dire », ah, oui, je fais ça moi ? OK, allons-y, je pleure !). Mais pour cela encore faut-il avoir « de la réserve », s'être créé des repères, s'être intéressé à son entourage quotidien pour se nourrir physiquement et psychologiquement sous peine de ne jouer qu'un seul et unique personnage (qui ne sera parfois qu'une pâle copie de toi-même). Attention, encore une fois, on ne parle pas ici d'« actors studio », parce qu'en impro, il faut être vif et savoir saisir ce qu'il y a sur la scène pour créer ton personnage.

Si tu fais de l'impro, c'est que tu aimes le danger. Alors pourquoi ne pas rentrer vierge de toute information ?

Pour construire vos personnages au fur et à mesure de la scène, de quoi avez-vous besoin ?

Chaque personnage a plusieurs dimensions, on l'aura compris. Mais comment faire comprendre qui tu es à ton partenaire et au public et surtout comment développer ces dimensions de manière à rendre tes personnages plus intéressants et nourrir l'histoire ?

En début de scène, donnez-nous des éléments sur vos personnalités, votre relation, ce qui vous lie ou vous éloigne.

Dis-nous quelque chose à propos de toi ou à propos de ta partenaire (quitte à prendre une pénalité pour rudesse dans un match d'impro, il vaut mieux nourrir le personnage de ton partenaire plutôt que de le laisser ramer).

Apporte-nous un élément de personnalité.

N'essaie pas d'être original à tout prix.

Un personnage est un condensé de compétences, d'allure, d'histoires, d'émotions, de caractère, d'objectif, d'envie, de besoins…

Il ne faut pas oublier que si le comédien peut essayer de faire rire, le personnage lui, vit la situation. Un jeu de mot pour faire rire le public est dit par l'improvisateur. Si les autres comédiens rient, alors c'est dans la scène et c'est ton personnage qui a fait la vanne.

Quand tu entres en scène, ton personnage a un corps (le tien), il s'agit de ta première matière, la matière « brute ». Ton personnage a ton physique. Et cela, tu ne peux pas le changer.

Si tu cherches de quoi le nourrir, de quoi lui donner de la « matière intérieure », voici quelques pistes à creuser :

Quels sont ses espoirs, ses rêves et ses craintes ?

Qu'est-ce que ton personnage souhaite réaliser plus que tout au monde ? Que craint-il le plus et comment cela se manifeste-t-il dans sa façon de marcher et de parler ? Quel impact cela a-t-il sur lui ?

Quelle est sa "vision du monde" ?

Quelle est sa philosophie de vie (par exemple "L'argent est la chose la plus importante au monde" ou "Travailler est futile") ? Comment la vision du monde de ton personnage se manifeste-t-elle dans sa façon de marcher, de parler et de se comporter ?

De quoi ton personnage a-t-il besoin de la part de son partenaire de scène ?

Si ton personnage a besoin de l'amour, de la confiance, du respect de son partenaire de scène, comment ce besoin se manifeste-t-il physiquement et émotionnellement ?

Attention à la caricature

Sous prétexte du spontané, l'improvisateur a souvent tendance à caricaturer, à « faire le… » (faire le vieux ou la vieille, faire l'ado, faire le pervers… par exemple) plutôt que de l'incarner, pour que ses comparses comprennent rapidement qui il est. Et puis, souvent, l'improvisateur n'est pas passé par la case « acting » alors il imite, il fait une petite voix aigüe pour incarner une petite fille, il renifle et s'essuie le nez pour incarner un type dangereux ou qui en a l'air… Et lorsque, dans une scène, un « improvisateur » joue avec une « actrice qui improvise » (je fais évidemment exprès de les mettre en concurrence pour l'exemple) alors, l'une incarne pendant que l'autre fait semblant d'être et la scène est forcément déséquilibrée.

N'en fais pas trop

Sur scène, tu improvises tout, alors pourquoi t'ajouter des contraintes supplémentaires ?

Pourquoi avoir à penser à un accent, une jambe de bois, un œil de verre et un cheveu sur la langue, alors que tu dois déjà penser à écrire une histoire en direct ?

Cela fait trop d'ingrédients à gérer en même temps et tu risques de perdre le fil de l'histoire ou de perdre carrément ton personnage et le spectateur en cours de route.

Pense à l'instant d'avant

Ton personnage a eu une vie avant la scène qui se joue. Le comédien entre en scène, mais le personnage a peut-être vécu quelque chose de difficile, de drôle juste auparavant et qu'on ne voit pas du public, mais que toi, tu pourras intégrer et utiliser. C'est ce que certains appellent les backstories, le background du personnage, bref, son vécu, son histoire, son passé... Plus simple encore, quand ton personnage entre, il arrive forcément de quelque part (la salle à manger, de chez un ami, du travail, de la guerre, de la salle de gym...).

Trouve des détails

Trouve des détails personnels sur ton personnage (sa vie de famille, ses objectifs, ses rêves, son enfance, ses amours, son métier, sa fonction, ses expériences...).

Quels backgrounds peux-tu utiliser ?

Le background religieux, éducatif, culturel, artistique...

La structure familiale ? sa soif de carrière ? son envie de vengeance ?

Il n'est ni important ni nécessaire que le public le voie, mais toi, cela te nourrit.

Pour trouver de l'inspiration et créer de nouveaux personnages :

Observe

(sans te moquer, ce n'est pas le but !)

Dans les transports en commun, en terrasse, au bureau...

Regarde la personne qui est assise en face de toi et celle qui est à ta gauche, à ta droite ou qui vient d'arriver.

Essaie de les imaginer ensemble, de quoi pourraient-elles parler. Quels voyages pourraient-elles faire ?

Tu passes à la caisse d'un magasin :

Regarde l'hôtesse de caisse. Écoute sa façon de te parler, de te regarder.

Quelle est la première chose qu'elle fait en rentrant le soir ? Quel est son plus grand rêve ?

Donne de l'épaisseur

Un personnage n'est jamais totalement « gentil » ni totalement « méchant ».

On a tous en tête ces films avec un « méchant » qui fait un câlin à son fils et part combattre des adversaires, fait un casse ou élabore un plan machiavélique !

Tes personnages ont une raison d'être, une fragilité, des envies (être reconnu, aimé...)

Évidemment, dans un match d'impro par exemple, sur une scène de trois minutes, tu n'auras peut-être pas le temps de le montrer au public, mais si tu as ça en tête, ça transparaît dans ta manière d'être et de jouer !

Change

Laisse l'histoire avoir un impact sur le personnage.

Si tu es en conflit avec ton partenaire (et je suis sûr que cela t'arrive souvent), ne passe pas trop de temps dans la dispute. Cherche à comprendre ce que la dispute fait à ton personnage, le rend-elle triste, en colère, muet ? Se disputer pendant trois minutes est lassant pour tout le monde (public et partenaires).

Provoque le changement d'émotion !

Change l'énergie du moteur de ta réaction. Convoque la suite de l'histoire. Dans une belle histoire les personnages évoluent. Dans la vie de tous les jours, nous sommes capables d'apprendre une mauvaise nouvelle et de rire juste après ou de pleurer après un fou rire…

Si les personnages n'évoluent pas en cours d'histoire, il n'y a tout simplement pas d'histoire (ou alors une mauvaise).

Par exemple : égoïste, le personnage devient altruiste ; coureur de jupon, il tombe amoureux éperdu et fidèle ; peureux, il se découvre courageux…

À la fin de l'histoire, les personnages doivent avoir évolué (cela peut être psychologiquement, physiquement, moralement, socialement…).

Dans « Breaking Bad », le personnage principal passe de professeur un peu ringard et timide à criminel, baron de la drogue. Le point fort de cette série (c'est sans doute ce qui a participé à son succès) est que chaque personnage suit sa trajectoire et est modifié par l'histoire tant humainement que socialement ou professionnellement.

C'est ce que les scénaristes appellent l'arc transformationnel.

Le héros passe ainsi d'enfant à adulte, de looser à winner, de célibataire endurci à père responsable...

Be bad

N'hésite pas à incarner le méchant de la scène. Tu ne peux pas interpréter tout le temps le « gentil » héros. Et jouer les méchants, c'est tellement bon, tous les acteurs te le diront. Les méchants marquent l'histoire de l'art de leur empreinte : Dark Vador, Voldemort, Sauron, Le joker en sont de parfaits exemples.

Le petit chaperon rouge sans le loup, c'est l'histoire d'une petite fille qui traverse la forêt et prend le goûter chez sa mamie. Et basta !

Incarner un « méchant », ce n'est pas non plus vouloir tuer tout le monde dans chaque histoire ou faire le mal tout le temps ou encore vouloir devenir le maître du monde.

Regarde autour de toi, il y a sans doute des gens pernicieux, vicieux... Ce n'est pas pour autant qu'ils ont toujours le visage fermé, ou poussent des « HAHAHA, je l'ai bien eu » ou « Je reviendrai » à chaque fin de phrase.

Joue ton négatif

Tu ne dis jamais un mot plus haut que l'autre au quotidien ? Alors sois un râleur ou un gueulard.

Tu ne pleures jamais (tu es peut-être un peu menteur aussi...) ? Entre en pleurant et laisse-toi porter par l'émotion.

Tu es rapide, vif, survolté ? Joue lentement.

Sois le sidekick

En français : l'acolyte, le bon pote du héros.

Un bon personnage secondaire sera très apprécié du public. Han SOLO n'est pas le héros de STAR WARS et pourtant il est sûrement le personnage préféré des fans de la première trilogie ! Souvent, il s'agit d'un personnage qui amène l'humour lorsque le héros est très sérieux.

Que ton personnage soit secondaire ou principal, il est important, s'il apporte quelque chose à l'histoire.

Tu ne peux pas être toujours le héros.

Nommez-vous

Donnez des noms à vos personnages.

« Patrick, je voulais te demander… », « Bien sûr, Patricia… » : cela permet de créer ou d'asseoir une relation.

Si tu appelles ton partenaire : « M. LAMBERT », cela ne fixera pas la même relation que si tu l'appelles « Jean-Paul » ou encore « Paulo ».

Donner un nom ou un prénom à vos personnages éclaircit le lien. Prenons cet exemple archi simpliste :

Comédien 1 : Viens ici, Patrick !
Comédien 2 : J'arrive, Monsieur Lambert

Le comédien 1 tutoie, le second montre une marque de respect. Par ce simple dialogue, on peut commencer à imaginer un début de relation. Et puis si on doit résumer l'impro, cela sera plus clair : c'est l'histoire de Patrick et de M.LAMBERT, son tuteur, par exemple, et non l'histoire de deux personnages dont on ne sait pas trop qui ils sont (et avoue que, très souvent, si à la fin d'une impro, tu demandes « Quelle était leur relation ?» ou « Qui étaient-ils l'un pour l'autre ? »… Les réponses sont très souvent floues ou la relation est perçue différemment par les joueurs et le public). Cela vous nourrit et l'exemple ci-dessus installe tout de suite un statut ou status pour être tout à fait juste (voir le paragraphe « 1,2,3 » p.109).

Pour conclure

Le but de ces quelques outils est donc de sortir du surjeu et de la caricature. Ainsi, on évitera le personnage qui dit « wesh » à la fin de ses phrases parce que le thème est « en banlieue », le riche qui fume d'énormes cigares pour se donner de la contenance, le SDF qui crache par terre entre chaque mot, la prostituée à l'accent russe ou le gangster à l'accent corse, marseillais ou « titi parisien » qui sera (peut-être) drôle mais ne fera pas peur. Pour que ton personnage soit clair dans ses enjeux et que le public ait envie de le suivre, il sera nécessaire de préciser son objectif. Mieux, il te faudra affiner ses besoins et ses désirs.

Explications : dans « Rocky », l'objectif du héros est de combattre Apollo, le champion du monde de boxe en titre. Cependant, cet objectif va l'amener à combler son besoin de reconnaissance (au début du film Rocky est un looser qui a envie de passer à autre chose) et son désir (fonder une famille avec Adrian).

À propos...

du personnage

Quelques pistes avant d'entrer en jeu :

Quel est le passé immédiat de ton personnage ?

D'où vient-il (situation sociale, environnement...) ?

Comment se sent-il (Ses émotions) ? Quel sont ses sentiments par rapport au personnage de ton partenaire de jeu ? S'ils se connaissent déjà, comment les personnages se sont-ils quittés la dernière fois qu'ils se sont vus (dispute, tendresse, regret, remords, jalousie...) ? Est-il au courant de la situation ou est-elle inattendue ?

Comment le personnage se sent-il par rapport à l'environnement : fait-il chaud, froid, humide ?

Est-ce un lieu inconnu, connu, rempli de souvenirs tristes ou joyeux... (maison d'enfance, de vacances, lieu du drame...).

Quel est le SUPEROBJECTIF du personnage (comprendre par là, son objectif de vie) et quel est l'OBJECTIF du personnage dans cette scène ?

Quelles actions ce personnage va-t-il mener pour atteindre son objectif ? Son objectif est-il lié à un secret ?

Quels obstacles (besoins, conflit intérieur ou extérieur au personnage) l'empêchent d'atteindre l'objectif ou l'en éloignent ?

L'objectif

C'est un élément primordial pour ton personnage.

Pour faire simple, sans objectif, il n'y a pas d'histoire. C'est peut-être une scène rigolote, avec des jeux de mots, des gags de situations... mais pas une histoire, ou alors une histoire qui part dans tous les sens, une histoire dans laquelle les personnages ne savent pas ce qu'ils désirent, une histoire dans laquelle ils changent d'avis comme de chemise (et surtout à chaque entrée d'un nouvel improvisateur qui a une nouvelle « super idée » pour relancer l'impro).

Exemple :
L'objectif de la scène est un braquage.
Un personnage souhaite récolter de l'argent pour sa famille, un autre flouer son père, propriétaire de la banque, et un dernier, balancer tout le monde à la police en échange de la libération de son frère. Il faut que ce soit clair pour le public comme pour les comédiens. Il n'y a ici qu'un objectif : le braquage.
Les personnages ont des objectifs secondaires qui sont motivés par des besoins ou des envies (envie de vengeance, besoin de reconnaissance).
Cet objectif, tu n'es pas obligé de l'avoir avant d'entrer en scène. Tu pourras le découvrir en jeu. Vous êtes deux, un peu perdus au début de l'histoire, quand soudain se dessine un début d'idée, un début

d'objectif pour les personnages. Un conseil : ne le lâche pas. Cet objectif va t'amener sur le sentier de ton histoire.

L'objectif et l'enjeu

L'objectif doit être lié à un enjeu fort. L'enjeu est la source de motivation des personnages. Si l'enjeu est fort, alors ton envie d'atteindre l'objectif l'est tout autant.

L'enjeu pose la question suivante :

Qu'ai-je à perdre ou à gagner en atteignant cet objectif ?

Si l'enjeu est élevé, ton personnage sera prêt à tout pour atteindre l'objectif qui en découle.

Cet objectif doit donc répondre à certains critères. Ce qui suit est inspiré de méthodes de marketing appliquées au théâtre. Évidemment, il ne s'agit pas de tout intégrer (ce serait un casse-tête) mais cela peut aider à te rediriger en cas de pépins.

L'objectif doit être clair et concret

Le spectateur doit comprendre pourquoi cet objectif est important voire primordial.

Il doit être clair pour tout le monde. Et pour cela, il doit l'être avant tout pour toi. Il ne doit être ni trop large ni trop flou. Par exemple, « mon objectif est d'être aimé », c'est beau, mais qu'est-ce que tu mets derrière ces mots ?

Si l'objectif de ton personnage est de voyager, c'est bien mais cela manque de précision. Si cet objectif est retenu pour la suite de la scène, alors il va falloir le développer car il y a ici peu d'enjeu.

Voyager autour du monde ? C'est plus précis mais ce n'est pas encore très engageant. Il suffira de faire une croisière en amoureux. Auquel cas, l'objectif pourrait être une réconciliation et le voyage uniquement le moyen d'y parvenir.

Voyager autour du monde en 80 minutes ? Là, on tient quelque chose. Parce que, pour faire un voyage autour du monde, il suffit d'une valise, d'une réservation en ligne, et hop, c'est parti pour une année sabbatique ou des vacances sympathiques. En 80 minutes, ça change tout. Parce que maintenant, il faut que tu mettes en place tout ce qui va te permettre d'y arriver : véhicules, matériel, compagnons de voyage... Pour tes partenaires, c'est aussi tout de suite plus clair. Doivent-ils t'aider, t'en empêcher, te poursuivre ? Tu as un début d'histoire avec un fil conducteur.

L'objectif est de te venger d'un ennemi ?
C'est un premier pas. Mais si l'objectif est de séduire la bien-aimée de ton ennemi, pour le faire souffrir, ce n'est plus la même chose, c'est bien plus précis.

La plupart des films sont écrits ainsi. En voici quelques exemples.

Dans « STAR WARS Rogue One », l'objectif des héros est de récupérer le plan de l'étoile noire (une arme qui réduit des planètes entières en cendres) pour la détruire. C'est on ne peut plus simple.

Dans « After earth », Will Smith et son fils sont coincés sur une planète dangereuse. Will Smith, blessé, est bloqué à l'intérieur du vaisseau spatial accidenté et le seul et unique objectif du fils est le suivant : traverser la planète à pied pour récupérer une balise de secours et envoyer un signal. Sinon, ils mourront tous les deux.
C'est aussi simple que cela, et pourtant l'histoire dure deux heures dix.

Dans « Retour vers le futur », Marty, un ado de 1985 est envoyé en 1955. En modifiant le passé, il empêche ses parents de se rencontrer. Il devra alors les amener à s'aimer à nouveau pour qu'il puisse exister et repartir dans son époque sous peine de disparaitre.

L'objectif pourra donc être l'objet du caucus (ces 20 secondes de réflexion laissées aux improvisateurs en match d'impro pour élaborer une stratégie de jeu avant d'entrer en scène, ces 20 secondes pour définir qui tu es, ce que tu fais et ton objectif).
Cependant, ne reste pas accroché au caucus.
En « improvisation mixte » (avec un improvisateur de l'équipe opposée), tu vas peut-être très vite l'oublier et devoir t'adapter au caucus de ton partenaire de jeu.

L'objectif doit être mesurable

Il faut donner au spectateur des éléments qui lui permettent de savoir où il en est dans la progression de l'histoire. Pour ton « tour du monde en 80 minutes », c'est facile, la mesure est le temps.

Dans « After earth », une carte intervient de manière récurrente à l'écran pour indiquer où en est le héros dans sa quête de la balise.

Dans « Retour vers le futur », Marty disparait un peu plus de la photo de famille de « son présent » à chaque fois qu'il rate son objectif dans le passé.

Dans « Rocky », la progression dans l'entrainement du héros est montrée par la facilité qu'il a à à monter les marches du Museum of Art (de plus en plus haut et de plus en plus vite).

N'hésite pas à réincorporer une indication ou un événement qui a un impact sur l'histoire (si celle-ci commence par la chute d'une comète vers la terre, donner des indications sur l'avancée de cette chute peut donner lieu à plus de panique dans les scènes, resserrer les liens entre des personnages, créer des tensions… Bref, cela doit forcément avoir un impact).

Crée l'urgence !
L'objectif doit être limité dans le temps.

Pour Rocky, c'est limpide, il doit être prêt à la date du match.

Dans « After Earth », le héros a besoin d'oxygène toutes les 24 heures et il n'a qu'une réserve de six jours pour remplir sa mission. Au fur et à mesure du film, on peut voir la réserve diminuer.

Quant à Marty, il aura échoué s'il disparait complètement de la photo de famille puisqu'il disparaitra lui-même du présent.

Tu auras ensuite compris que ce qui compte vraiment dans l'histoire c'est : comment le héros va-t-il faire pour parvenir (ou pas) à atteindre l'objectif ? Quelles embûches devra-t-il éviter ? Quelle énergie va-t-il déployer pour arriver à ses fins ? Comment est-il transformé à la fin de cette aventure, qui le fera par exemple, passer du stade d'ado rebelle à héros intergalactique ?

Dans de nombreux films, le temps est clairement un facteur déterminant qui joue contre les héros. Combien de fois a-t-on vu le compte à rebours d'une bombe donner du fil à retordre aux personnages principaux, ce fameux compte à rebours qui accélère lorsqu'ils coupent le mauvais fil ?

Dans 7 improvisations sur 10, l'objectif est perdu en cours de route. Si « After Earth » était une impro, une comédienne entrerait à n'importe quel moment, tomberait amoureuse du héros qui se détournerait de la balise pour construire une famille sur cette planète. Ensuite, ils monteraient un fast-food puis finiraient par devenir les rois du monde et on en oublierait le personnage du père au passage. L'objectif est une priorité dans l'histoire.

Si, au cours de l'impro, vous le perdez alors :

Recentre la scène sur l'objectif

Dans ton voyage autour du monde en 80 minutes, tu peux perdre un peu de temps à trouver une machine pour faire le voyage, mais pas à préparer un braquage d'une bijouterie pour que ton acolyte puisse offrir un collier à sa belle avant de t'accompagner. Si tel est le cas, recentre sur l'objectif. Ramène-le sur les rails. Cela n'empêche pas nos héros de tomber amoureux pendant le trajet, ou de rencontrer des personnages farfelus, mais, si tu t'éloignes trop de l'objectif tu perds de vue l'histoire et le spectateur.

L'histoire ne peut pas se contenter d'être une succession d'objectifs qui n'ont pas de lien entre eux et rendent l'histoire confuse.

Dans « Le petit chaperon rouge », l'objectif de l'héroïne est d'amener une galette à Mère Grand. Si elle craint le loup dans la forêt, qu'elle fait demi-tour, va jouer à la dinette avec ses copines pendant que le loup mange la grand-mère… est-ce que le spectateur y comprend quelque chose et, surtout, a-t-il envie de regarder ça ?

Dans « MAD MAX, Fury Road », **TOUS les personnages** du film ont un même objectif : voler le pétrole devenu une denrée rare. Le reste n'est que prétexte aux cascades dans le désert et autres histoires très secondaires.

Objectif et obsession

Le personnage a son objectif, il est tellement prégnant qu'il ne pense plus qu'à lui.

Et Paf ! L'objectif est devenu une obsession.

Dans la série « Breaking bad », le héros, Walter, est un professeur qui bascule dans le crime en fabriquant une drogue dure (pour faire simple). Dans l'épisode 10 de la saison 3, « La mouche », Walter et son acolyte Jesse sont enfermés dans un laboratoire, prêts à cuisiner leur mixture habituelle (leur véritable objectif). Mais l'attention de Walter est attirée par la présence d'une mouche dans le labo. Il n'a plus qu'un seul objectif : tuer cette intruse qui pourrait mettre en danger sa recette si elle chute à l'intérieur et la contamine. Tout l'épisode tient en cela. Tuer la mouche passe du statut d'objectif secondaire à celui d'obsession qui va dévoiler beaucoup de choses sur notre héros et sa personnalité. Le coup de génie des scénaristes est de tirer le fil pendant tout l'épisode en huis clos autour de cette mouche. À chaque fois que nos deux personnages s'en éloignent, elle se rappelle à eux. L'obsession va créer une ambiance particulière entre nos deux comparses et retisser un lien qui semblait se perdre.

L'obsession est un bon outil de création d'un personnage. Un personnage avec une obsession peut être très intéressant à interpréter. Bien maitrisée et mesurée, celle-ci peut engendrer des situations passionnantes pour les personnages.

On pourrait ajouter dans un autre registre : le héros a un T.O.C. (trouble obsessionnel compulsif).

Par exemple : Le héros doit faire le plein de sa voiture, mais ne supporte pas d'avoir les mains sales. Le hic : il n'y a plus de gant de protection. Qu'est-ce qui prendra le dessus dans l'histoire : le plein, ou le lavage de main ?

Accepte l'objectif de ton partenaire

Si ton partenaire de scène a déjà mis en place un objectif, que celui-ci est visible et que le public l'a déjà compris, n'essaie pas d'ajouter le tien par-dessus. Même si tu penses qu'il est bien meilleur. Si dans ta scène, tu voulais que le cœur de l'histoire soit un tour du monde en 80 minutes et que ton partenaire est rentré en disant : « Il faut absolument que je trouve des couches pour mes triplés et il est deux heures du matin. », laisse tomber ton objectif. Tu es dans l'histoire d'un homme dépassé par les évènements et ton objectif devient : l'aider (ou pas) à trouver des couches à deux heures du matin. Tu peux toujours essayer de proposer un tour du monde pour lui remonter le moral, mais ce ne sera plus très clair. N'attends pas de ton partenaire qu'il jette son idée à la poubelle (d'ailleurs pourquoi oublierait-il soudainement ses couches pour faire un tour du monde ?).

Tu abandonnes ton objectif et tu t'adaptes.

Il ne doit pas y avoir de « guerre » d'objectifs. Si vous restez tous les deux fixés sur votre objectif de départ, l'histoire se bloque et le public s'ennuie puisqu'il verra alors deux comédiens en bataille d'égo plutôt que deux personnages qui avancent ensemble dans une histoire, ce qui n'aura pas d'intérêt.

L'objectif n'est pas l'histoire

L'objectif ne change pas le héros, c'est l'histoire et son parcours qui le feront. L'objectif de Rocky est de combattre Apollo, l'histoire est celle d'un boxeur raté qui prend sa revanche sur la vie et trouve l'amour.

Les obstacles

Si le héros atteint son objectif sans obstacle, alors l'histoire ne sera pas très intéressante. Ce qui captive le spectateur, c'est de suivre des personnages qui se débattent pour s'en sortir sinon l'histoire stagne, « elle tourne en rond ». L'obstacle est l'élément contraignant. Il se dresse entre les personnages et leur objectif. Il peut être physique (un piège dans la forêt) ou psychologique (la peur du vide). Au cinéma, il peut être démesuré ou paraitre insurmontable. Si mon personnage, qui doit aller à pied en Espagne retrouver son grand-père qu'il n'a jamais vu, fait le trajet en stop de Paris à Barcelone en 13 heures, en faisant un seul arrêt pour faire le plein, le spectateur risque vite de s'ennuyer. Mais s'il est victime d'une bande de voyous qui lui volent ses économies dans la première partie de l'histoire et qu'il ne peut plus faire machine arrière, voilà un premier obstacle qui l'oblige à se dépasser. L'obstacle peut être extérieur (tu te perds dans la nuit, ta voiture tombe en panne dans une zone dangereuse…), mais peut également être lié à la personnalité du personnage. Il est timide, il a une phobie… (Comme Indiana Jones qui doit surmonter sa peur des serpents dans une célèbre scène des « Aventuriers de l'arche perdue »).

L'objectif ne doit pas forcément être atteint

Il n'y a que toi et tes partenaires qui allez pouvoir décider si vous atteignez l'objectif ou non.

Dans « Rocky », le héros s'entraîne pour affronter le champion du monde de boxe. À la fin du film, il perd son combat après 12 rounds qui l'ont profondément transformé (ne me dis pas que je viens de te spoiler la fin de Rocky ? Inculte !). L'objectif n'est pas atteint, mais Rocky ne sera plus jamais le même. Le scénariste a atteint son propre objectif, le personnage principal est changé par l'histoire.

Exemples

Dans « Armageddon », l'enjeu de Bruce Willis est « de sauver le monde » et son objectif est de « faire exploser cette saleté de météorite avant qu'elle n'atteigne la terre ». Les obstacles seront : tout ce qui se mettra entre lui et la météorite pendant le film (oui, c'est un film assez simpliste).

Dans « Retour vers le futur », l'objectif de Marty est « que sa mère retombe amoureuse de son père ». L'enjeu est donc sa propre existence, et l'obstacle le plus élevé est : sa mère est tombée amoureuse de lui (pour ceux qui n'auraient jamais vu le film, cette phrase est étrange…).

Une fois que tu as ton objectif, celui-ci t'aide à tracer le chemin de l'histoire et ton parcours pour tenter de l'atteindre.

Cet objectif va pouvoir mettre en exergue les besoins et les envies de ton personnage.

Pour parler des besoins, faisons un peu de psychologie (j'ai dit un peu…).

Les besoins

Nous avons vu il y a quelques pages le triangle dramatique, voici maintenant une pyramide (celle des besoins créée par Abraham Maslow, psychologue) pour faire évoluer le personnage et créer sa personnalité. Celle-ci est une représentation des différents besoins de l'être humain en quête de l'accomplissement personnel.

Les besoins de ton personnage pourront alors être les suivants :

Les besoins physiologiques

Manger, boire, respirer, dormir… Bref, les besoins incontournables pour vivre.
Si un de ces besoins n'est pas assouvi, ton personnage peut mourir ou perdre la raison.

Le besoin de sécurité

Ton personnage est à la recherche d'une certaine stabilité (financière, amoureuse…). Il veut se protéger face aux menaces.
Cela passe par l'emploi, la santé, la propriété, la stabilité familiale. Il est autant question de la sécurité physique que morale.

Le besoin d'appartenance

Ton personnage ressent le besoin d'appartenir à un groupe, à une famille, à un club, une secte… Il veut se faire accepter.

Ce besoin a une dimension sociale.

Ton personnage a besoin d'aimer et d'être aimé, d'avoir des relations intimes avec son conjoint (former un couple), d'avoir des amis …

Le besoin d'estime

Ton personnage a besoin d'être reconnu, aimé, valorisé au sein de ce groupe. C'est peut-être le besoin de ton personnage qui voyage autour du monde.

Le besoin d'accomplissement

Ton héros veut, par exemple, faire le tour du monde en 80 minutes, une fois dans sa vie pour prouver et se prouver qu'il vaut quelque chose.

Besoin versus Désir

Tu te déshydrates parce que tu as besoin de boire. De l'eau suffirait. Si tu as le choix, tu prendras peut-être un jus de pomme. Ce sera le désir qui prendra alors le relais.

La pyramide de Szapiro exprime les formes de désirs : le désir d'inattendu, d'émotion, de partage, d'appartenance et de valorisation de soi.

Alors, ton personnage, de quoi a-t-il besoin et que désire-t-il ? Pour réaliser ce désir de quoi a-t-il besoin ?

Il désire une voiture ? Il a peut-être besoin d'argent.

Une fois le désir et le besoin identifiés, quel est son objectif ?
Il a besoin d'argent, il braque une banque.

Maintenant tout est relié.

La question suivante est donc :
De quoi ton personnage a-t-il besoin et envie pour exister ici et maintenant et comment fait-il pour l'obtenir ?

Si tu cherches comment trouver un objectif à ton personnage ou quelle situation mettre en scène, tu peux utiliser quelques idées du chapitre suivant, au travers des 36 situations dramatiques de Polti

À propos...
du focus

Qu'est-ce que c'est ?

Faire ou mettre le focus, c'est attirer l'attention du public sur un lieu, un objet ou un personnage.

C'est faire en sorte que l'œil du spectateur soit irrésistiblement attiré.

C'est aider le spectateur à se focaliser sur…

Si un duo de comédiens joue une scène romantique et qu'un autre comédien entre en dansant du hip-hop, le focus se fera certainement sur celui-ci. Il détournera l'attention de la scène sur lui.

Certains comédiens ont assez de charisme pour attirer le regard en étant simplement présents en jeu. Ils attirent l'attention. Ils monopolisent le focus. Ils mettent le spectateur en attente de quelque chose venant de lui.

Quand tu regardes une armoire ou un objet imaginaire avec insistance sur scène, tu mets le focus dessus. Le spectateur veut savoir quel est cet objet ou ce qu'il y a dans cette armoire.

C'est pour cela qu'il faut éviter de déstabiliser le focus, c'est-à-dire d'attirer l'œil du spectateur sur quelque chose d'anodin, qui ne sera pas utile à la scène ou le détourne de la scène importante qui est en train de se jouer.

Les 36 situations dramatiques de Polti

Il s'agit ici d'une théorie développée par Georges POLTI, selon laquelle tout scénario puise sa source dans une ou plusieurs de ces 36 situations dramatiques de base.

Qu'il ait tort ou raison importe peu, cela donne un panel intéressant de situations qui te permet de créer des scènes.

Il ne s'agit pas de les apprendre par cœur.

Lis-les. Digère-les... Un jour, ton cerveau te dira merci.

Passons en revue ces situations par thème (ce que fait ton personnage et la situation dans laquelle il est) et pour en savoir plus, cherche « Georges Polti » sur Google. Je n'ai pas retranscrit les 36 situations mais les ai parfois regroupées par thème pour en simplifier la lecture.

1. Ce que fait ton personnage

il implore	Tu es en péril, tu implores qu'on te tire de l'embarras, qu'on t'aide à te sortir d'un mauvais pas.
il sauve	Tu te proposes pour sauver un ou plusieurs personnages. À Hollywood, le personnage peut carrément sauver le monde !
il venge un crime ou un proche	Tu venges le meurtre d'un autre personnage ou te venges au sein même de ta famille.
il s'échappe	Tu es traqué, tu dois t'enfuir pour sauver ta vie parce que tu es menacé ou poursuivi.
il détruit	Tu es celui par qui le désastre émerge ou va survenir.
il désire, obtient, conquiert	Tu vas tout faire pour posséder quelque chose (un bien immobilier, le grand amour, un job...) ou t'emparer d'un bien précieux.
il se révolte ou mène une révolte.	Tu es un insoumis. Tu te révoltes contre une autorité supérieure, un patriarche encombrant, une société étouffante...
il est audacieux	Tu tentes d'obtenir l'inatteignable.
il hait, déteste	Tu voues une haine profonde à un autre personnage.
il enlève, ravit, kidnappe	Tu kidnappes un autre personnage contre sa volonté.

il résout une énigme	Tu essaies de résoudre une énigme difficile (une affaire, une enquête, un meurtre, un deal, un héritage...).
il rivalise	Tu es jaloux et tu veux atteindre la situation enviable d'un proche, d'un supérieur, d'un collaborateur, d'un élu...
il est un amant meurtrier	Tu élimines le conjoint embarrassant.
il est fou	Tu es sous l'emprise de la folie et tu commets des crimes, réalises des choses inavouables, ignobles...
il commet une Imprudence fatale	Tu commets ou doit dissimuler une grave erreur.
il tue un des siens	Tu tues un être proche, en ignorant parfois le lien qui vous unit, comme dans « Jean de Florette » ou « Œdipe ».
il se sacrifie ou sacrifie un des siens	Tu donnes ta vie pour une passion, un amour, le monde, l'univers... ou pour une cause, un idéal supérieur, un être proche.

2. La situation dans laquelle est ton personnage

il rivalise à armes inégales	Tu décides d'affronter un autre personnage plus fort que toi.
il commet un adultère	Tu trompes un autre personnage (mais ça, tu l'avais deviné, coquin).
il commet un crime passionnel	Tu t'égares et tu commets un crime par amour.
il vit un amour empêché	Tu vis un amour empêché par la famille ou la société.
il est amoureux de son ennemi(e)	Tu aimes un autre personnage même s'il est ton ennemi (comme dans de nombreuses séries américaines ou comics).
il est ambitieux	Tu es prêt à tout pour concrétiser ton ambition.
il est jaloux	Tu commets des actes regrettables par mépris et jalousie.
il vit une erreur judiciaire	Tu es injustement accusé ou condamné.
il est rongé par les remords	Tu es rongé par la culpabilité.
il vit des retrouvailles	Tu fais ton retour après une longue absence. Ressurgissent amour, haine, rancœur…
il vit un deuil	Tu dois faire le deuil d'un personnage aimé.

Voilà donc les situations survolées, à toi de jouer au curieux pour en découvrir davantage. Si cela t'intéresse vraiment, consulte le livre de Polti, souvent réédité.

Tu as maintenant beaucoup d'outils pour créer ton personnage, définir son objectif, ses besoins et ses envies. Tu en as quelques autres pour réagir en jeu, accepter et développer une situation. Tu sais même comment observer et interpréter ce qui se passe sur scène.

Mais tu te demandes peut-être ce qu'il advient lorsque le besoin de ton personnage n'est pas satisfait ou lorsque son envie n'est pas assouvie.
Le plus souvent, la scène bascule vers le conflit.
Et le conflit met régulièrement en scène des disputes qui tournent en rond, dans lesquelles les personnages parlent fort et rendent je jeu inaudible pour le spectateur. Parce que dans les scènes de conflit, il y a toujours un des deux personnages qui « veut gagner », ces scènes manquent souvent d'écoute. Plus on parle fort, moins on écoute l'autre (comme dans la vraie vie).

Le conflit

Si, trop souvent, les improvisateurs font basculer la scène vers le conflit, c'est parce qu'ils pensent que le conflit leur donne quelque chose à jouer et que cela les rassure. Pourtant, le conflit n'est pas obligatoire. Cependant, il est bon de comprendre ce qu'est un conflit et ses différentes formes.

Le conflit social

Pour simplifier : une lutte des classes, pauvres contre riches, ouvriers contre patrons, peuple contre dictature, grève contre quelque chose, révolution...

Le conflit amoureux

Le choix amoureux, le refus d'aimer, le besoin d'aimer, le triangle amoureux : Anne aime Pierre qui aime Valérie, Pierre et Anne aiment Valérie...

Le conflit intérieur

Qui suis-je pour.... Pourquoi moi ? Il faut que je change... Le personnage lutte contre lui-même.

Le conflit familial

Héritage, prise de pouvoir, lutte pour le trône.

Il ne faut pas confondre conflit et problème. Le problème n'engendre pas forcément un conflit s'il est commun aux deux personnages, par exemple. Un problème se pose, les personnages cherchent des solutions.

Parfois c'est la recherche de la solution qui devient la source du conflit.

J'attire ton attention sur le fait qu'une scène de conflit peut facilement se transformer en scène de cris qui font saigner les oreilles, alors que deux personnages froids et calmes peuvent être dans un conflit des plus tendus et des plus oppressants pour le spectateur.

Quel est le rôle du conflit ?
Atteindre un objectif personnel, concrétiser une envie, un besoin…
Chaque personnage développera sa stratégie pour sortir du conflit.

L'affrontement
C'est la stratégie utilisée le plus souvent : le « rentre dedans ». Attention toutefois à ne pas finir par une grosse engueulade dans laquelle tout le monde se crie dessus sans s'écouter, en se coupant la parole, en rendant la scène inaudible ! Le risque : en oublier de construire une histoire.

La négociation
Résoudre le problème en trouvant un compromis, un stratagème, une solution qui va satisfaire les deux personnages en conflit.

La fuite ou l'évitement

Mal menée, cette stratégie peut bloquer le jeu mais elle peut aussi définir la personnalité d'un personnage ou le type de relation. Un personnage qui évite le sujet, le détourne, change de sujet de conversation...

L'adoucissement

Le but est de retarder la confrontation. Une forme de fuite moins brutale dans laquelle on essaye d'éviter l'engueulade tout en résolvant un ou deux points, en retardant le conflit.

Le conflit peut être constructif

Deux personnages commencent une scène en désaccord, s'engueulent et la scène se finit par une avancée des deux positions.

Pour que ce soit clair pour le public :

Quel est le problème ?

Quelle est la position de chacun sur ce problème ?

Quelles sont les solutions possibles ?

Les solutions sont-elles communes ou conflictuelles ?

À un moment donné, il vous faudra décider qui « remporte » ce conflit. Et ce ne sera pas toujours toi. Cela devra se faire naturellement parce que l'un des personnages aura baissé la garde, sera plus fragile, plus fort, plus craintif... Bref, le conflit ne peut pas et ne doit pas tourner en rond. S'engueuler pour s'engueuler ne sert à rien et n'est pas agréable à regarder (ni à vivre). L'un ou l'autre doit céder dans l'intérêt de l'histoire. Ne crains pas de « perdre ».

Comment sortir du conflit ?

Quand tu es embourbé dans un conflit entre personnages, tu peux, par exemple, mettre en œuvre les outils de la Communication Non Violente (CNV) ©.

Ton personnage peut demander à l'autre de préciser sa pensée ou il peut exprimer clairement un besoin... Bref, établir le dialogue au lieu d'envenimer la scène.

Voici quelques exemples de phrases pour sortir d'un conflit :

« Justement, assieds-toi et parlons-en »

« Je comprends ta colère. Donc, tu me dis que tu.... »

« Aide-moi à comprendre ce qui se passe... »

« C'est moi, je me suis mal fait comprendre, en fait ce que je disais... »

« Je comprends tout à fait que tu sois déçu... »

« Je vois les choses autrement... »

« Ce que je ressens quand tu dis ça, c'est ... »

« Ça a l'air important pour toi ce que tu dis, parlons-en... »

« D'accord, dis moi ce tu proposes à propos de ... »

« Écoute, posons-nous et trouvons la solution... »

« Quand tu te mets dans ces états, tu me rappelles moi quand je... »

« On doit pouvoir trouver une solution à... »

« Je suis d'accord avec toi, voilà ce qu'on peut faire... »

À propos...
du héros

Le héros se doit d'être un personnage dont l'histoire mérite d'être racontée. En effet, tous les personnages ne font pas de bons héros. Le héros doit être un personnage que le spectateur a envie de suivre, pour qui il s'inquiétera, pour qui il pourra se poser la question : « Comment va-t-il faire pour se sortir de cette situation ?». Si le spectateur n'a pas envie de suivre ce personnage, c'est mauvais signe, ce personnage n'est pas le héros de l'histoire. Si votre histoire est une histoire « Chorale », alors chaque personnage est le héros de sa partie d'histoire.

Le héros est la meilleure personne pour porter votre histoire sur les épaules. Il a des défauts. C'est ce qui le rend plus intéressant qu'un personnage parfait et fade.

Dans son livre « Save the cat ! Writes a novel », Jessica Brody explique qu'un bon héros est un personnage à multiples facettes avec un problème ou un défaut sur lequel il va devoir travailler, un désir ou un objectif à atteindre, un besoin ou une leçon de vie qu'il va devoir apprendre.

C'est aussi un personnage avec un « traumatisme » ou qui a traversé des épreuves (même minimes et de tous types : la mort d'un proche, une enfance douloureuse, un amour perdu...). À noter ici que ces éléments sur lesquels se base la construction de votre héros peuvent s'opposer, c'est ce qui rend le héros

imparfait et digne d'intérêt pour le lecteur ou le spectateur (et peut même en faire un « antihéros »).
J.BRODY ajoute que les leçons de vie que peut apprendre le héros sont au nombre de 10.

Le pardon : à soi-même ou aux autres

L'amour : de soi, familial, romantique

L'acceptation : de soi, des circonstances, de la réalité

La foi : en soi-même, en les autres, en l'humanité, en Dieu

La peur : la dépasser, la battre, trouver du courage

La confiance : en soi, en les autres, en l'inconnu

La survie et l'envie de vivre

L'abnégation, le sacrifice, l'altruisme, l'héroïsme

La responsabilité, le devoir, la mobilisation pour une cause, l'acceptation de sa propre destinée

La rédemption, le repentir, le remords et le salut

Et donc, je le réécris ici :
le héros change, évolue, se métamorphose tout au long de l'histoire. Son aventure est une leçon de vie.

À propos...
de l'antihéros

En quoi un antihéros est-il différent d'un héros ? Contrairement aux héros traditionnels qui défendent des valeurs nobles et font ou essaient de faire ce qui est juste, les antihéros, agissent pour des motifs égoïstes ou une morale ambiguë. Par exemple, Spiderman sauve le monde parce que c'est la bonne chose à faire et qu'il ne sait pas faire autrement. Deadpool pourrait lui aussi sauver le monde, mais il le ferait parce qu'il n'a pas le choix (ou éventuellement pour impressionner sa petite amie ou le spectateur). La différence réside dans leurs raisons et leurs méthodes et non dans leurs objectifs finaux. C'est un personnage, souvent banal ou mis à l'écart de la société, qui se retrouve dans l'obligation d'agir.

Ce sont des personnages subversifs : ils ont le potentiel pour renverser la situation, mais ils agissent à leur façon, en transgressant les codes et en dépassant des frontières que les héros conventionnels n'auraient jamais osé franchir.

Les antihéros rendent les histoires plus imprévisibles. Ils poussent les spectateurs à remettre en question leur propre morale. Leurs défauts et leurs choix parfois contestables créent des drames, ce qui donne des personnages riches aux parcours plus surprenants. Leurs motivations sont contestables et brouillent les frontières entre le bien et le mal, et pourtant nous les trouvons charismatiques. Nous aimerions oser faire ce qu'ils font.

C'est quoi, une histoire ?

Pour écrire une belle histoire il faut prendre en compte des paramètres d'écriture. Cela peut te surprendre, mais, sur scène, tu es ton propre auteur (à ceci près que si vous êtes cinq sur scène, vous êtes cinq auteurs qui écrivez une même histoire en même temps).

Le style n'est pas à négliger car il ne suffit pas de « raconter une histoire » pour faire une belle scène. Il faut le faire de manière correcte avec un style compréhensible. Dans tous les cas, il doit être agréable à entendre. Il doit être suffisamment clair pour que le spectateur comprenne la pensée de l'improvisateur.

Pour résumer, on pourrait dire que l'histoire est une intrigue concernant des personnages dans un univers précis. C'est de la généralité, mais cela résume assez bien ce qui suit.

L'intrigue

Définition du LAROUSSE :

« Intrigue : Succession de faits et d'actions qui forment la trame d'une pièce de théâtre, d'un roman ou d'un film. »

Elle fait partie de l'histoire que vous allez raconter mais n'en est qu'une composante. Effectivement, une pièce de théâtre, un film ou un roman peuvent en posséder plusieurs. L'intrigue principale et les intrigues secondaires (celles qui traitent de la trajectoire de personnages secondaires par exemple ou une seconde intrigue concernant le personnage principal).

À titre d'exemple, dans « Rocky », on peut détecter deux intrigues : l'intrigue « outsider » (Rocky, le looser contre Apollo, le champion) et l'intrigue amoureuse (Rocky et Adrian).

Une intrigue connecte les éléments entre eux, les actions entre elles et leur donne du sens.

Les types d'intrigues

Dans son livre, édité en 1993, « 20 Master Plots and How to Build Them », le romancier américain Ronal B. Tobias décrit 20 types d'intrigues différentes.

1. La quête

Le héros part à la recherche de quelque chose, un objet comme un trésor, une carte ou un anneau ou il est à la recherche d'une réponse psychologique (retrouver ses origines ou comprendre son passé, etc.) ou encore de quelqu'un (un chevalier, un élu disparu, dont la légende dit qu'il est caché quelque part).

Il le fera seul ou en groupe (avec une communauté par exemple).

La quête commencera généralement dans le foyer du héros et se terminera par son retour au pays.

Entre-temps, le héros et ses éventuels compagnons de voyage sont toujours en déplacement d'une terre à l'autre ou d'une région à l'autre.

2. L'aventure

Dans cette intrigue, c'est l'aventure qui est importante et les péripéties rencontrées par le protagoniste qui ne sera pas forcément changé par sa quête.

Il est plus motivé par la découverte, l'aventure, l'expérience, comme dans les films d'Indiana Jones, par exemple.

3. La poursuite

Le héros est à la poursuite de quelqu'un. L'intérêt de la poursuite est l'enjeu. Pourquoi le héros poursuit-il ce personnage ? Lui déclarer sa flamme, le tuer, lui soutirer une information...

4. Le sauvetage

Le héros part à la recherche d'un autre personnage pour le sauver de quelqu'un ou de lui-même.
Quels obstacles traversera-t-il pour réussir ?

5. L'évasion

Enfermé injustement, le héros doit s'échapper d'un lieu de captivité.

6. La vengeance

Trahi, le héros veut sa revanche.
Il cherche donc à se venger (« Le comte de Monte Cristo » d'Alexandre Dumas, Jean Valjean dans « Les Misérables » de Victor Hugo...).
Dans ce cas, la vengeance parait toujours juste.

7. L'énigme

L'intrigue repose sur une enquête.
Le héros peut être un policier, un détective ou un individu lambda qui enquête de son côté pour découvrir la vérité.

8. La rivalité

Un héros et son antagoniste poursuivent le même objectif (gagner une course ou le cœur de la belle).

La méthode pour y parvenir est différente et révèle la profondeur psychologique des personnages.

9. L'outsider
Le héros est un looser. L'intrigue l'amène à se révéler.

10. La tentation
Dans ce type d'intrigue, le héros est tenté par quelque chose ou quelqu'un alors qu'il sait que cette tentation est néfaste (retrouver la jeunesse éternelle, vendre son âme au diable, devenir riche...).

11. La métamorphose
Le héros subit un changement physique ou spirituel auquel il doit faire face ou s'adapter. (« La Mouche », « Hulk » ...).

12. La transformation
Le héros doit s'adapter à une nouvelle situation sociale.
Il devient riche ou pauvre du jour au lendemain, change de couleur de peau, de genre...

13. Le récit initiatique
Le héros va grandir face aux épreuves rencontrées et acquérir de la sagesse. Il apprend de ses propres erreurs.

14. L'amour

C'est l'une des plus grandes thématiques dans la fiction, souvent combinée à d'autres types de récits (catastrophe, policier, comédie, horreur…).

15. L'amour interdit

Le héros doit surmonter des obstacles pour vivre son amour (« Roméo et Juliette »).

16. Le sacrifice

Le héros doit se sacrifier. Il peut être poussé à le faire par une situation désespérée. Il peut y laisser la vie, celle de quelqu'un qu'il aime, ses valeurs morales etc.

17. La découverte

Le héros fait une découverte importante au cours du récit. Elle est capitale (bonne ou mauvaise) et le héros doit prendre la décision de la révéler ou non aux autres.

18. La transgression

Le héros dépasse les limites autorisées sans prendre réellement conscience de ses actes.

19/20 L'ascension/La chute

Tel « Le Parrain », le héros vit un parcours chaotique : ascension, chute et déchéance par ses bons ou mauvais choix.

Ce qui suit se révèlera plus juste si tu as un peu de temps pour jouer cette histoire. En effet, tu ne pourras pas mettre autant d'éléments de narration dans une improvisation de deux minutes que dans une improvisation d'une demi-heure.

Une histoire, c'est

Un début

Un milieu

Une fin

C'est simple mais cela mérite des précisions.
Pour l'exemple, suivons un personnage universel des contes de fées : Cendrillon.

L'histoire, c'est :

Une situation initiale

(ou plateforme, situation de base, scène d'exposition)

Il était une fois une fille qui s'appelait Cendrillon.

Chaque jour, Cendrillon était soumise aux ordres de sa méchante belle-mère et de ses demi-sœurs et elle était obligée de faire leurs corvées.

Un élément perturbateur

C'est l'évènement, l'incident, le problème à résoudre, bref, le rebondissement qui fera basculer l'histoire.

Mais un jour, une fée rend visite à Cendrillon et lui permet d'aller au bal du prince mais Cendrillon doit partir à minuit avant que le sort ne se dissipe. En partant elle perd une pantoufle de vair.

Une tentative de résolution

qui ne fonctionne pas ou qui crée d'autres embûches...

Le prince, tombé amoureux, rend visite à toutes les femmes du Royaume pour retrouver Cendrillon. Mais celle-ci est cachée par sa marâtre qui veut que le prince épouse une autre de ses filles.

La résolution finale

Le prince retrouve Cendrillon et la demande en mariage.

Une conclusion, une morale, un épilogue

Ils se marièrent et eurent beaucoup d'enfants.

Une histoire c'est donc :

Une situation initiale

Il était une fois
Il était une fois une fille qui s'appelait Cendrillon.

Tous les jours
Cendrillon était soumise aux ordres de sa méchante belle-mère.

Tous les jours
Elle subissait les moqueries de ses demi-sœurs qui l'obligeaient à faire leurs corvées.

Tous les jours
Elle rêvait d'être une jeune fille heureuse et d'aller au bal.

L'élément perturbateur
(qui fait basculer l'histoire)

Et puis un jour
Une fée rend visite à Cendrillon et lui permet d'aller au bal avec un prince. Mais Cendrillon doit partir à minuit avant que le sort ne se dissipe. En partant, elle perd une pantoufle de vair.

La (les) tentative(s) de résolution

1ère tentative
Le prince, tombé amoureux, envoie toute une armée la retrouver. Mais la marâtre cache Cendrillon dans la cave, espérant que le prince épouse une de ses autres filles.

2ème tentative
Le prince se rend lui-même dans le village pour trouver sa bien-aimée. Mais les sœurs de Cendrillon empêchent celle-ci de le voir.

La résolution finale
Cendrillon trouve le moyen de rencontrer le prince, celui-ci la reconnait et la demande en mariage.

La conclusion ou l'épilogue
Le prince et Cendrillon se marièrent et eurent beaucoup d'enfants...

Une histoire, c'est aussi une succession d'obstacles et de solutions. Reprenons notre histoire :

Une introduction

Il était une fois une fille qui s'appelait Cendrillon.

Malheureusement,

Cendrillon était soumise aux ordres de sa méchante belle-mère et de ses demi-sœurs, et elle était obligée de faire leurs corvées.

Heureusement,

un jour, une fée rend visite à Cendrillon et lui permet de réaliser son rêve : aller au bal du prince

Malheureusement,

Cendrillon doit partir à minuit avant que le sort ne se dissipe. En partant, elle perd une pantoufle de vair.

Heureusement,

le prince tombé amoureux se lance à sa recherche

Malheureusement,

la marâtre la cache, espérant que le prince épouse une autre de ses filles.

Heureusement,

le prince retrouve Cendrillon et le demande en mariage.

Depuis ce jour / C'est ainsi que...

ils vécurent heureux et eurent beaucoup d'enfants.

Bref, tu l'auras compris, une histoire peut se construire de différentes manières et tu tiens ici quelques exemples de ce qu'il est possible de faire. Les contes de fées et la plupart des scénarios sont construits sur ces bases.

De nombreux théoriciens se sont penchés sur l'écriture des histoires et il serait possible de monter une bibliothèque sur ce thème.

Par exemple :
Dans « La morphologie du conte » , Vladimir PROPP propose une analyse structurale du conte.
Dans « How to improvise a Full-Length Play », Kenn Adams, improvisateur américain développe beaucoup d'exercices à ce propos et notamment « Story Spine » (« la colonne vertébrale de l'histoire » voir chapitre suivant) qui utilise le « il était une fois, et tous les jours, et puis un jour… » vu précédemment.

Dans « Anatomy of a story » (traduit en français par « Anatomie du scénario »), John TRUBY, scénariste décortique tous les éléments indispensables à une bonne histoire. Il y parle de l'intrigue, de la construction des scènes, des liens entre les personnages….

Il était impossible de conclure ce chapitre sans évoquer le fameux « voyage du héros » dont tu trouveras les principales étapes p.183 et posées par Joseph CAMPBELL dans son ouvrage « Le héros aux mille visages », adapté à l'écriture du scénario par Christopher VOGLER dans « le guide du scénariste » et à l'improvisation par Mark JANE (L'incontournable « Jeux et enjeux »).

Le fameux exercice « Story Spine »

En cercle, les joueurs disent une phrase à leur tour en complétant l'histoire en commençant par une amorce :

Joueur 1 : « Il était une fois...»

Cette phrase ouvre la voie à l'histoire, fournissant le contexte dans lequel vos personnages évoluent. Le piège est de partir dans une description spécifique des lieux, concentrez-vous sur les personnages.

Joueur suivant : « Tous les jours... »

Cet élément établit le quotidien des personnages, en révélant leurs routines, leurs habitudes et leurs relations. Il aide le spectateur à comprendre la situation initiale des personnages et leur donne une base pour les changements qui suivront.

Joueur suivant : « Mais un jour... »

Ce moment crucial chamboule l'histoire et introduit un problème ou un conflit qui perturbe la vie quotidienne des personnages, les forçant à agir.

Joueur suivant : « À cause de ça... »

Il est maintenant temps de se plonger dans les conséquences et les effets de l'élément perturbateur. On peut mettre plusieurs « à cause de ça » les uns derrière les autres. Cette partie voit les personnages se confronter à des obstacles supplémentaires au fur et à mesure qu'ils progressent dans leur voyage. Ces défis aident à les développer et à faire avancer l'histoire qui s'aggrave à mesure que les personnages rencontrent d'autres complications. Ces événements mèneront en fin de compte au point culminant de l'histoire.

Joueur suivant : « Et puis un jour… »

Les enjeux sont au plus haut niveau, les personnages sont confrontés à leurs obstacles les plus importants. Ils doivent prendre des décisions critiques afin de surmonter les barrières.

Joueur suivant : « Depuis ce jour... »

Ce dernier élément conclut l'histoire en résolvant les conflits et en révélant les conséquences des actions des personnages. Il établit un nouveau statu quo, montrant comment les personnages ont évolué et comment leur monde a changé à la suite de leur aventure.

À propos...
de l'escalier de l'histoire

Montons les marches de l'histoire ensemble

Créer une histoire ensemble emprunte les mêmes règles que monter un escalier ensemble.

En effet , imaginons que nous devions nous rendre ensemble, en même temps, au dernier étage (objectif) d'un immeuble (l'histoire) en empruntant le même escalier (chemin, parcours).

Voici les règles pour y parvenir :

Nous devrons monter les marches (au moins une par une) pour avancer dans l'immeuble.

À aucun moment, nous ne redescendrons au rez-de–chaussée et nous n'avons pas le droit de revenir au point de départ.

Si l'un de nous deux piétine, il empêche le duo d'avancer et si l'un de nous deux monte l'escalier trois marches à la fois, il perd son comparse.

Je peux te prendre la main si tu as des difficultés pour monter. Je peux même te prendre sur mon dos si tu es bloqué.

Je peux me mettre derrière toi et te pousser (doucement) pour que tu avances par toi-même.

Si l'un de nous deux stagne, il stoppe notre course.

Si l'un des deux descend alors que l'autre monte, nous n'arriverons jamais à l'étage.

Si nous rencontrons une embûche qui nous empêche de monter, nous essayons de trouver la solution ensemble. Nous pourrons même utiliser la rampe de l'escalier pour nous tirer vers le haut.

À propos...
du voyage du héros
Les étapes en résumé

Le Monde ordinaire : la plateforme ou situation de départ.

L'Appel de l'aventure : élément déclencheur, bascule.

Le Refus de l'appel : le héros refuse « la dernière mission », « la mission de sauvetage ». Mais tu sais très bien qu'il va finalement l'accepter, sinon, il n'y aurait pas d'histoire.

La Rencontre avec le Mentor : le héros est aidé dans sa prise de décision à s'embarquer dans l'aventure.

Le Passage du seuil : le héros quitte le monde « Ordinaire » et affronte un premier ennemi, une première menace.

Tests, alliés et ennemis : le héros se fait des alliés ou des ennemis lorsque surgissent les obstacles.

L'Approche de la caverne : le héros se prépare à relever le défi majeur.

L'Épreuve suprême : c'est un moment de désespoir, tout semble perdu pour notre héros.

La Récompense : c'est l'heure du bilan, le héros apprend de son échec et en sort grandi.

Le Chemin du retour : le méchant que tout le monde croyait mort est de retour (dans les films d'horreur notamment, le « méchant » abattu se relève toujours pour un dernier affrontement).

La Résurrection : le héros est à terre, il se reprend en main et se montre plus fort que jamais.

Le Retour avec l'élixir : le héros ressort transformé de son voyage, (de père déchu il devient père héros ; de traître, il devient héros national etc.).

Pour raconter ces transformations et atteindre ces objectifs, toute histoire, au cinéma comme au théâtre, est divisée en actes (exposition, nœud dramatique, climax, résolution, pour le cinéma par exemple).

Au théâtre, les actes sont divisés en scènes.

S'il est plutôt rare de voir de vrais actes en improvisation (le plus souvent en format long, si l'histoire est bien écrite), la plupart du temps, le spectateur assiste à des scènes.

Aussi courte soit-elle, la scène se doit de respecter certaines règles pour tenir le spectateur attentif.

C'est quoi, une scène ?

Pour écrire une belle scène, il faut prendre en compte quelques paramètres que tu oublies de temps en temps (comme tout improvisateur).

Les bases d'une scène

Un certain nombre de questions peuvent se poser lors de l'écriture d'une scène de théâtre.
Toutes n'auront pas forcément leur réponse, mais elles seront de bons points d'ancrage pour construire une intrigue digne de ce nom.

De quoi parle la scène, qui met-elle en jeu et pourquoi ? (Enjeu, objectif)

Quels personnages sont impliqués ?

Il sera possible d'ajouter quelques précisions les concernant :

De quels milieux les personnages sont-ils issus ?

Quel âge ont-ils ? D'où viennent-ils ?

Quels groupes sociaux ou économiques représentent-ils ?

Quels sont les liens entre les personnages ?

Depuis combien de temps se connaissent-ils ?

Que veulent-ils, quels sont leurs désirs, leurs objectifs ?

Quels sont les rapports de force dans leur relation ?

Quelles sont les forces en opposition qui créent le conflit, si conflit il y a ?

Comment leurs envies et leurs besoins causent-ils ce désaccord ?

Quel est le point de vue de chaque personnage sur le thème abordé ?

Quelles croyances personnelles et quelles valeurs les personnages ont-ils sur le sujet avant le début de la scène ?

Comment ces points de vue vont-ils ou non changer ou évoluer pendant la scène ?

Savoir où se passe la scène avant de commencer peut t'aider à mieux appréhender la situation.

Ne cherche pas à imaginer l'issue de la scène avant d'entrer en jeu. Il te suffit de quelques idées générales avant de commencer, tu découvriras la suite de l'histoire pendant le jeu.

Tu es ton propre auteur, pense à l'équilibre de la scène qui se joue.

Les différents types de scènes

La scène d'exposition

Il s'agit de la scène dans laquelle sont présentés les personnages principaux (ou secondaires, mais qui introduisent le personnage principal) et les éléments essentiels de l'histoire :

Qui est au cœur de l'histoire ?

Où se passe l'histoire ?

À quel moment se passe l'histoire (du plus basique « à quel moment de la journée ? » à l'incontournable « à quel moment de la vie des personnages ? ») ?

On peut dire que cette scène est la présentation de la plateforme.

Le nœud dramatique

C'est ici que l'auteur met en place les obstacles entre le héros et son objectif (péripéties, renversements de situation...on peut y ajouter le quiproquo et les rebondissements).

La scène finale

C'est ici que se jouera le dénouement qui est censé mettre fin à la « crise » (nœud dramatique, conflits, obstacles, problématique, événement...).

Quelques fins possibles : le cliffhanger (une fin ouverte qui appelle à une suite) / la révélation / le twist (retournement de situation).
Et éventuellement :

Un épilogue

Il s'agira souvent d'un retour à la normale ou de la présentation de la nouvelle situation des personnages. Par exemple, si, dans une comédie romantique, l'histoire s'achève sur le grand amour, alors on pourra mettre en scène une séquence de mariage, ou une séquence dans laquelle l'héroïne est enceinte ou pousse un landau…

Après le spectacle

Ça y est, vous l'avez fait !

Tu l'as fait !

Maintenant c'est le grand huit des émotions.

Tu sors de scène, tu vas saluer le public et remercier les spectateurs d'être venus.

À l'inverse, tu te caches dans les toilettes pour les éviter, prétextant un léger mal de ventre qui cache en réalité la honte que tu ressens à ce moment-là.

Tu penses que tu as été nul et que tes partenaires ont assuré.

Tu imagines quelle histoire vous avez failli écrire, une histoire cent fois meilleure que celle que vous avez jouée…

Tu réclames un débriefing, tout de suite ou au prochain atelier, « parce que là, vraiment, il faut que ça change ! »

Débriefing :
pour ou contre ?

À chacun sa méthode. À chacun ses besoins.

Certains veulent débriefer « à chaud » (juste après le spectacle) tandis que d'autres préfèrent prendre le temps d'analyser et le faire « à froid », quelques jours plus tard.

Certains ne veulent pas en entendre parler.

Il n'y a pas de bonne ou de mauvaise réponse. L'analyse du spectacle a du bon mais ne doit pas devenir la frayeur des improvisateurs qui ne veulent pas jouer parce que « la dernière fois, j'en ai pris plein la tronche après le show ».

Le débrief doit servir à analyser, certes, mais aussi à soulager, réconforter, encadrer… Pendant le débrief, il faut que chacun puisse s'exprimer sur ce qu'il ressent (ce n'est pas parce que tu es le coach ou le metteur en scène que tu es le mieux placé pour comprendre ce qui s'est passé).

Ensemble, identifiez les points positifs sans rejeter la faute sur qui que ce soit si ça ne s'est pas passé comme vous l'aviez prévu (en même temps, c'est normal, c'est de l'impro).

Identifiez ce qui a bien fonctionné.

Ne rejoue pas le spectacle

Ne refais pas le match !

Ce qui est fait est fait. Le public l'a vu, et tu ne peux pas changer cela. Tu peux toujours imaginer ce que tu aurais pu faire voire ce que les autres auraient dû faire... mais c'est trop tard. Ce spectacle appartient déjà au passé.

Tu peux te remettre en question autant que tu le souhaites, mais ne sois pas désagréable avec tes partenaires de jeu.

Félicite

Encourage un improvisateur qui n'a pas trop le moral, évoque avec lui un moment du spectacle pendant lequel il a brillé.

L'instant brillance

Identifie cet instant pour chacun d'entre vous. Ce soir, untel a fait une impro chantée incroyable, une autre a fait une proposition émouvante... C'est important, surtout si ces moments passent inaperçus, étouffés par un moment de creux qui a ralenti le spectacle.

Remercie

Remercie tes partenaires pour ce moment de partage et d'échange. Dis-leur quand tu as vécu un moment magique, ne reste pas sur la mauvaise impro du jour.

Le débriefing ne doit pas durer des heures.

Maintenant, tout le monde passe à table pour un moment de convivialité !

C'est le moment important après le spectacle, celui qui fédère, qui rassemble, le moment de cohésion du groupe (si tu improvises en groupe).

Et si certains préfèrent se coucher plus tôt parce qu'il faut remettre ça demain, parce les enfants attendent papa ou maman à la maison, parce demain il faut se lever tôt pour reprendre la route ou aller travailler... C'est leur droit. Ne te permets pas de critiquer, tu as envie de faire la fête certes, mais ce n'est peut-être pas le cas de tout le monde.

La relation avec le public

Voici une question à laquelle doit pouvoir répondre tout comédien (d'impro ou pas) :

Pourquoi est-ce que le public paie sa place ?

Réponse 1 : Pour passer une belle (ou bonne) soirée devant un beau ou bon spectacle.

Réponse 2 : Pour voir des copains qui jouent à des jeux apéro ou se mettent en scène pour se faire plaisir, raconter des « blagues à Toto » et faire des jeux de mots.

À ton avis ?

Il n'y a pas de mauvais public

Tu entendras sans doute des improvisateurs te dire après un spectacle pendant lequel leurs vannes ont moins bien fonctionné que « d'habitude » : « Il n'était pas terrible le public, ce soir ».

Dis-toi qu'il n'y a pas de mauvais public. Un improvisateur ne doit pas chercher la validation de son jeu par le public s'il veut être pleinement spontané.

« Le public ne veut pas de ça... »

Tu ne sais pas ce que veut le public. Le public veut de la nouveauté, pas du réchauffé. Le public « mange » ce qu'on lui donne à manger. Si tu lui donnes toujours le même type d'histoire et qu'il aime ça, tant mieux, mais sache que si tu lui donnes autre chose, tu peux le surprendre et il peut aimer ça.

Tu ne sais pas ce qu'aime le public qui est là ce soir.

Respecte le public, ne l'insulte pas (« moi je sais ce qu'est une bonne impro, mais pas le public... »).

Un public, ça se chouchoute

Accueille-le correctement avant le spectacle, reste un peu à l'issue du show s'il veut rencontrer l'équipe. Ne le traite pas comme un client qui consomme et qui s'en va. Pour lui donner envie de revenir, prends soin de lui. Échange avec lui, parle-lui de tes valeurs.

Ne prends pas le public pour une machine à sous.

Le public est prêt à payer pour voir de la qualité, alors fournis un effort. Ne lui ressors pas toujours tes mêmes vieilles histoires et tes mêmes vieilles

catégories...
Respecte-le ! Ne lui fais pas subir ton humeur, ta mauvaise foi ou ton égo.

Bouscule le public

Le public a besoin de ressentir des émotions, de vibrer. Une fois qu'il vous est acquis, surprenez-le, quitte à le décevoir. Ce n'est pas grave. Il sait de quoi vous êtes capables.

Ne privilégie pas ton plaisir avant celui du public.

Tu n'es peut-être pas payé pour jouer, mais le spectateur a sûrement payé sa place pour vous voir. Alors, même si tu es entré sur scène moins souvent que d'habitude, ce n'est pas grave. Si un de tes partenaires a brillé plus que toi, c'est super également. Si tu es moins entré et que tu as trouvé tes partenaires trop rudes ou trop présents, ce n'est rien si le spectacle était de qualité.

Le public ne vient pas voir des amis faire des jeux apéros rigolos avec des comédiens qui se marrent sur scène de leurs propres blagues, il vient voir un spectacle d'impro !

À l'inverse, si tu es trop rentré sur scène et qu'on te le reproche, n'aie pas de scrupule si le spectacle a été de qualité.

"Essayer d'éviter les accidents est impossible. Ce qui est accidentel révèle l'homme."

Pablo PICASSO

C'est l'accident (sur scène) qui crée de belles histoires spontanées.

Quand tu es en atelier

Il s'agit sans doute de ton rendez-vous hebdomadaire avec tes amis improvisateurs. Un moment de partage, d'échange, de complicité, et pourtant, certains soirs, tu doutes.

Certains soirs, tu penses ne pas avoir été à la hauteur. Tu désespères des remarques de ton coach ou d'autres comédiens. Tu te sens nul, parce que tu n'as pas eu la bonne idée au bon moment. Tu te sens incompris. Tu penses faire de la daube, tu hésites à tout abandonner…

Dis-toi une seule chose : c'est normal !

En atelier, comme sur scène, tu ne peux pas être tout le temps au top.

Sois ponctuel

Rien n'est plus fatigant pour tes partenaires que de t'accueillir alors que l'échauffement est déjà commencé. Rien n'est plus agaçant que de devoir s'interrompre pour te saluer alors que tout le monde commence à être « dedans ».

Participe

Le coach demande deux comédiens sur scène pour l'exercice suivant, pas de doute : tu es toujours volontaire ! Sois un moteur, n'attends pas qu'on te supplie. Jill Bernard, improvisatrice et autrice du « Joli petit manuel d'improvisation » dit « C'est toujours ton tour ! »

Sois ouvert

Reste à l'écoute des remarques du coach. Ne sois pas toujours sur la défensive.

Ne critique pas l'exercice que tu ne comprends pas ou dont tu penses qu'il ne t'apporte rien, sur l'instant.

Tu as toujours à apprendre

Même avec « dix ans d'impro dans les pattes », tu as toujours à découvrir. Reste ouvert aux propositions les plus insensées, aux idées de mise en scène qui te paraissent dépassées ou complètement absurdes.

Ne critique pas

Tu ne comprends pas les idées de tes partenaires ou de la scène à laquelle tu viens d'assister ?

Ne critique pas frontalement, essaie de comprendre

ce qui vient de se passer. Ne t'embarque pas dans des diatribes sans fin sur ce qu'on aurait pu faire.

Ne dis pas

« Moi, ce que j'aurais fait dans cette situation… »

« Si tu avais fait comme ça, ça aurait relancé l'histoire… »

« Là, il y avait carrément un gros manque d'écoute, PERSONNE n'a rien compris » (tu es peut-être la seule personne à ne pas avoir compris)

« Je te trouve moyennement en forme en ce moment, non ? Ça se voit, tu n'étais pas original » (c'est quoi : être original ?)

"J'essaie toujours de faire ce que je ne sais pas faire, c'est ainsi que j'espère apprendre à le faire."

Pablo PICASSO
(encore !)

Essaie toujours de nouvelles propositions, de nouveaux personnages, de nouvelles catégories.
Teste, découvre, apprends et recommence.

Quand tu animes l'atelier

Formateur, meneur d'atelier ou coach, peu importe comment on le nomme, sa place est importante dans l'atelier.
C'est celui qui doit fédérer, rassurer, expliquer, entrainer...

Et c'est peut-être toi.

Quel coach es-tu ?

(Inspiré des formes de management en entreprise)

Il est sans doute possible de définir différentes façons de coacher ou d'animer les ateliers. Il s'agira avant tout de s'adapter en fonction des situations ou des participants.

Tu diriges plus que tu n'orientes, tu donnes des instructions (voire des ordres) que tu n'expliques pas ou peu, et tu limites les prises d'initiatives, alors tu utilises certainement une **méthode directive.** Directif, il faut parfois l'être, sans doute, mais tu risques de brider l'esprit d'équipe et la créativité.

Est-ce que tu parles beaucoup ? Est-ce que tu argumentes tous tes choix ? Tu donnes de nombreuses explications sur les exercices ? Tu es sans doute dans une **méthode persuasive**
Dans ce mode de « management », le « coach » veille à ce que chacun ait bien compris, il valorise les résultats positifs et apporte assistance lorsqu'un comédien est en difficulté. Il encourage !

Tu cherches toujours à créer une ambiance conviviale et harmonieuse ? Tu favorises la collaboration au sein de l'équipe. Tu définis les objectifs de la saison et des ateliers avec les membres de l'équipe. Tu utilises une **méthode participative.** Pour cela, tu veilles à

développer la prise d'initiative, suscites les sugges-
tions et les prends en compte.

Tu prends peu de place dans le groupe, tu laisses
chacun faire à sa façon, ou tu donnes une ligne direc-
trice, un thème ou un objectif et tu laisses le groupe
découvrir son propre chemin.
Tu utilises une **méthode délégative.**
C'est une méthode qui peut fonctionner avec des
comédiens expérimentés.

Quelle est la meilleure méthode, la meilleure façon
de gérer les ateliers ?

Aucune !

Il faut un peu des quatre styles pour optimiser et
révéler les talents de chacun, y compris le tien ! Le
type de coaching doit évoluer avec le groupe. Plus
directif pour des débutants, il mutera jusqu'à la
pleine autonomie.

Maintenant à toi de savoir quel coach tu veux être.
Parce qu'être coach, c'est endosser une responsabilité. Tu veux être un meneur, alors sois un bon meneur
et donne-toi les moyens pour ça. Forme-toi ! Suis des
stages (il y en a des dizaines chaque semaine dans
tout l'hexagone).

Et pour t'aider, je me permets ces quelques conseils :

Installe la confiance dans le groupe

Être un « bon coach », c'est savoir se montrer dynamique et toujours trouver les mots justes pour redonner confiance et l'envie aux participants de se surpasser. N'hésite pas à les déstabiliser, à leur proposer de nouveaux chemins et à les pousser hors de leurs limites personnelles pour ensuite mieux les aider.

Adapte-toi

Adapte ton atelier au groupe, au rythme du groupe, au niveau du groupe.

Ne piège pas les comédiens pour montrer que « c'est toi le plus fort ».

Sois bienveillant

avec les comédiens de ton groupe, ne porte pas de jugement personnel.

Tu as le droit d'aimer certains comédiens plus que d'autres parce que c'est humain, mais cela ne doit pas se ressentir dans le travail que tu fais avec eux.

Prends en compte

la parole du comédien qui souhaite parler de ce qu'il ressent. Sois à l'écoute des ressentis de chacun(e). L'une se sent perdue, l'autre délaissé ? Essaie de comprendre ce qui se passe. Cela vient-il de ta manière de mener l'atelier ? Cela vient-il du groupe ? D'un écart de génération ? D'une frustration personnelle ? Les comédiens ont le droit de ne pas trouver leur compte dans ce que tu fais. Sache te remettre en question parce que :

Tu n'as pas toujours raison

Le coach n'est pas un maître, encore moins un grand manitou ou un gourou. Il n'a pas le savoir absolu.

Mobilise tes expériences et tes compétences pour les mettre au service du groupe.
Tu ne dois pas exercer d'abus d'influence.
En cas de doute, reste à l'écoute du groupe.

Accepte l'aide

Ce n'est pas parce que tu es coach que tu n'en as pas besoin.

Sois un guide,

pas un donneur de leçon.

Valorise les progrès et les réussites

C'est une habitude qui doit devenir un automatisme. Si tu penses que l'impro est « à moitié réussie », alors mets d'abord en valeur ce qui a bien fonctionné au lieu de dire tout suite « C'était pas mal, mais cela aurait était mieux si… ».

La base d'un atelier

Généralement, l'atelier commence par un temps d'échange. On parle du spectacle du week-end précédent, on discute projets, on accueille les nouveaux, on crée des liens. Pour cela, on se donne rendez-vous un quart d'heure avant le début de l'atelier, sous peine de réduire celui-ci. Et plus l'atelier commence tard, plus il finit tard ou plus on l'écourte (n'oublions pas que certains se lèvent peut-être tôt le lendemain matin).

Il est possible de commencer et de terminer l'atelier par un rituel (un exercice phare en début d'atelier, de la relaxation en fin d'atelier...). Garde en tête qu'il faut quand même (un peu) bousculer les participants pour éviter la routine (trouver des exercices nouveaux, des thématiques pas ou peu explorées...).

Pour faire disparaître les tensions, pour faire la transition entre vie réelle et atelier (notamment en atelier amateur), l'idéal est de pratiquer ce qu'on appelle un **échauffement.** Globalement, il s'agira d'exercices de « lâcher-prise » (ou de laisser-aller) pour mettre ses problèmes de côté pendant la durée de l'atelier (deux à trois heures en général). C'est aussi le moment de recentrer tout le monde et de présenter la thématique qui sera abordée lors de l'atelier et logiquement préparée par l'animateur. Parce qu'un atelier se prépare en amont en se posant quelques questions : quels thèmes seront abordés ? quelles notions de jeu ? Tout cela en pratiquant des exercices en solo, en duo, en groupe… En général, ces exercices seront le socle sur lequel vont se construire les improvisations de la suite de l'atelier.

Un atelier est un laboratoire

En atelier, l'objectif n'est pas de jouer les meilleures improvisations du monde. Il faut rappeler à chacun que l'atelier sert à expérimenter. Comme dans toute expérimentation, le résultat ne sera pas toujours celui attendu (par l'animateur ou les participants) et il ne faudra pas s'en offusquer.

On pourra prendre un peu de temps pour débriefer les impros. Quelques mots sur le ressenti suffiront.

En vrac

Donne une direction et non des réponses.

Encourage la possibilité d'aller vers d'autres directions.

Prépare-toi à entendre des critiques à propos de ton atelier, c'est normal.

Garde ton calme et sois patient avec ton équipe, tout le monde n'avance pas à la même allure.

Ne décourage pas tes comédiens.

Sois tolérant, fais preuve de compréhension envers les comédiens en difficulté.

Tu es le médiateur ou, si tu ne l'es pas, trouve la personne qui l'est pour t'aider à régler les conflits (le président de l'association, le directeur artistique…)

Sois attentif aux répercussions émotionnelles de ce que tu dis, de ce que tu demandes.

Reste objectif et évite le jugement.

Tu as autant à enseigner et à donner qu'à apprendre et à recevoir.

Encourage une certaine prise de risques, et prends-en toi-même.

Favorise l'ouverture.

Reste toujours positif ! Valorise ce qui a bien fonctionné.

Perfectionne-toi, forme-toi.

Abonne-toi aux groupes et pages Facebook qui parlent des ateliers.

À *propos...*
des concepts
et des formats

En écrivant ce guide, je ne pensais pas évoquer les « concepts », car de mon point de vue, improviser dans un match, jouer une enquête policière sur le vif ou une comédie romantique reste improviser, c'est-à-dire partager la scène avec ses partenaires et échanger avec eux pour **construire** une ou des histoires **ensemble** quel que soit le « concept ». Mais, j'ai constaté que le mot revenait souvent dans les conversations des troupes toujours à l'affût d'en trouver un nouveau. Personnellement, je pense que le « concept » est un papier cadeau (parfois nécessaire) qui enrobe le spectacle mais qu'une histoire restera une histoire. La différence entre un spectacle avec tes partenaires de jeu habituels et un match, catch ou un show avec des inconnus sera un cran d'inattendu supplémentaire (jouer avec des personnes que tu ne connais pas ou peu, peut être plus surprenant voire excitant).

Si concept il doit y avoir, alors il faut qu'il soit **fort** et **reconnaissable**, c'est-à-dire qu'il doit être résumable en une ligne, un pitch.

« Bio », le spectacle de la compagnie « Eux » l'était : « une biographie improvisée d'une heure à partir de trois éléments du public : un prénom, un métier et un lieu ou un hobby ». Quand le public allait voir « Bio », il savait ce qu'il allait voir. Il allait voir de l'impro, certes, mais dans un cadre précis.

Force est de constater qu'il y a de plus en plus de concepts forts (il suffit de regarder les affiches du festival *Impro en Seine* pour en être persuadé).

Lorsque le public va voir un cabaret, il va voir des sketchs d'impro. C'est bien aussi, mais le concept est moins parlant. En allant voir une soirée cabaret d'impro, le public va voir des impros souvent courtes avec peut-être des catégories. Cela reste assez vague.

On peut donc aussi évoquer le format en plus du concept :

Le format court : une succession d'improvisations courtes, comme dans le match ou le « cabaret ».

Le format long : une pièce de théâtre improvisée d'une heure, deux pièces de 30 mn...

À propos du match

Le match est LE format qui a fait découvrir et rendue l'improvisation théâtrale accessible en France (et dans beaucoup de pays européens). Son décorum et son ambiance, souvent dynamiques, en font un spectacle apprécié du grand public.

Cependant, il ne fait plus l'unanimité parmi les troupes d'impro (quand le match était la panacée, les troupes s'appelaient toutes « Ligue d'impro de machin chose » ou « Ligue bidule d'impro »).

Ses règles, son arbitrage, ses pénalités et tout ce que certains appelleront « son folklore » amènent parfois les joueurs à ne pas aller au jeu, à ne pas improviser comme ils le feraient en « cabaret » ou en « formes longues ». Ils trouvent que le format l'emporte sur le reste.

J'ose le dire ici :
improviser en match ce n'est pas autre chose qu'improviser… mais avec un décorum de match, des maillots de hockey peu saillants etc. Bref, c'est jouer des histoires dans un cadre particulier, mais cela reste jouer des histoires quand même. Une fois qu'on a assimilé cela, le reste n'est que broutille.

Tu te moqueras de prendre une pénalité parce que tes chaussures ne sont pas réglementaires ou que tu n'as pas de « nominette » (ton prénom au dos du maillot).

Tu te moqueras de prendre une pénalité, si tes idées ont fait avancer l'histoire.

Ton équipe se fichera royalement de perdre, encore plus, si le spectacle a été très bon.

Tu te ficheras de ne pas prendre de points « parce que le public est chauvin ».

Tu n'enverras pas jouer un co-équipier parce que toi, « tu ne le sens pas » ou parce que votre idée de caucus est « merdique ».

Tu seras heureux que l'équipe adverse ait « pris » le point parce que tu auras tout construit de A à Z et que leur « mauvais joueur » ou « joueur débutant » sera devenu le héros malgré lui... Tu auras fait le job et tu l'auras tellement bien accompagné que le public l'aura trouvé brillant.

Quand tu organiseras un match, tu respecteras les codes a minima. L'arbitre et le MC ne devront pas attirer les regards au détriment du jeu.

Si tu arbitres, tu éviteras de laisser les joueurs ramer 40 secondes de trop parce que « le temps n'est pas écoulé » et que la chute est « arrivée trop tôt ». Tu auras l'œil assez aiguisé pour stopper l'impro au « bon moment ».

Le match est un outil pédagogique très fort (le joueur y apprend le respect des idées de l'autre, l'écoute de l'autre, le travail en commun...) et une porte d'entrée vers l'apprentissage du théâtre par le biais des catégories « à la manière de... Molière, Brecht, Tchekhov, Shakespeare... ». À propos des « À la manière de... », tu peux lire « le guide des univers à l'usage des improvisateur.ices » de Léo Godard, trouvable gratuitement sur internet.

N'oublie pas que l'improvisation théâtrale c'est

du spectacle vivant à l'état pur !

Quel spectacle est plus vivant qu'un spectacle d'improvisation ?

AUCUN !

Rien n'est plus vivant qu'un spectacle qui bouge tout le temps, qui surprend tout le temps, qui catalyse autant d'émotions.

Sois fier d'être un improvisateur !

Ne minimise jamais ce que tu fais.

Non, tout le monde ne peut pas faire ce que tu fais !

Non, l'impro ce n'est pas raconter ou faire n'importe quoi sur une scène. Ce serait trop simple !

Non, tu ne fais pas un « truc rigolo » ni « un machin qui croit ressembler à du théâtre ».

Tu fais de l'impro et tu l'assumes !

L'impro est un ART ! L'impro est un ART ! L'impro est un ART !

Tu veux que je le répète encore ou tu as compris ?

Tu es un artiste. Tu n'es pas un rigolo qui invente des trucs pour faire marrer.

Tu innoves, tu imagines, tu voyages, tu fais rêver...

Pour t'en convaincre : toute œuvre (roman, peinture, chanson, chorégraphie) se crée à partir d'improvisation !

Sans impro, l'art n'est pas grand-chose !

Sois-en convaincu ! je le redis, imprime-le bien : l'impro est un art !

Sois convaincu de ce que tu fais !

Cultive-toi !

Cours voir des spectacles vivants de tous les styles, de toutes tendances, de toutes les couleurs, de toutes les sensibilités (et pas seulement de l'impro ou du one man show).

Va au cinéma et sois curieux de tous les genres.

Lis de tout : des romans, des essais, du théâtre, des BD...

Lis tout ce que tu trouves sur l'improvisation : les livres, les articles de presse, les articles sur le web, les blogs... (tu trouveras quelques idées à la fin de ce guide).

Joue à des jeux de société qui titillent l'imagination (« Il était une fois », « Oui, maître des ténèbres », « Story cubes », « Comment j'ai adopté un gnou » ...).

Crée ton propre univers de jeu, explore et invente tes propres terrains de jeu !

Teste le mime, le clown, le chant, le théâtre classique, la danse, le yoga, l'escrime, la peinture, le puzzle...

Et maintenant, laisse tomber les « règles »

et les recettes magiques !

En impro, tu peux tout faire... et son contraire.

Maintenant que tu as terminé la lecture de ce guide, je vais te donner **LE secret et LA vérité :**

relis-le et fais exactement le contraire de ce qui est écrit. Ça donnera de jolies surprises et de très belles impros aussi. J'espère que tu n'es pas trop déçu ?

Maintenant, ferme ce guide et joue !

Maintenant, ferme ce guide et expérimente !

Reprends-le en main, quand tu as un petit coup de mou, prête-le (pas trop pour qu'on l'achète un peu quand même !), griffonne-le, arrache ses pages et colle-les sur le frigo pour te donner de la motivation !

Vis mille vies, vis des aventures extraordinaires, voyage dans le temps et l'espace, donne-nous de belles histoires, raconte-nous de jolies tranches de vie !

Je te souhaite de belles impros, du beau jeu et de bons spectacles !

Remerciements

Un grand merci à Émilie, improvisatrice et professeure de Lettres pour la relecture de ce guide, ses conseils grammaticaux et orthographiques, ses corrections attentives et rigoureuses et ses encouragements quand je baissais un peu les bras.

Merci à Cédric et Julien de m'avoir accueilli dans leur équipe alors que je cherchais désespérément une troupe de théâtre « avec du texte ».
Merci à eux d'avoir su transformer le « mouais » du premier atelier en « waouh, c'est dingue, ce truc ! ».

Merci à l'équipe d'Acapella impro de m'avoir fait passer en quelques années de « petit nouveau qui a déjà fait du théâtre » à « et si tu devenais notre coach ? » et de m'avoir suivi ou de me suivre encore dans mes délires de coach et dans les spectacles.

Merci à mon compère Gilles, incroyable improvisateur franco-allemand, de m'avoir toujours poussé à dépasser mes limites et à me trouver en tant que coach.

Merci à celles et ceux qui sont devenu.e.s une deuxième famille et qui ont fait de cette découverte qu'a été « l'impro », une véritable passion.

Merci également aux improvisateur.rice.s qui ont partagé (voire subi) un moment à mes côtés sur scène et notamment les troupes : le CIPPIL , la FRIT, la GIGN, le GIT, le MIAM, les Pro'jacteurs, la Ruche, le Steac frit, les Zanzibars, les Zimproloco….

Merci à Hugh Tebby et Mark Jane pour avoir produit un podcast pour le premier et écrit un ouvrage exceptionnel pour le second, précisément lorsque je songeais à arrêter l'improvisation. Ils m'ont conduit vers de nouveaux horizons et m'ont fait prendre conscience des possibilités infinies offertes par cet art.

Merci à toi, lecteur, d'avoir fait l'acquisition de ce livre, sans savoir qui je suis !

Pour terminer, merci Laurane, Anaelle et Améline, mes filles, de me supporter (dans les deux sens du verbe) quotidiennement.

Bibliographie sélective
Sur l'improvisation théâtrale

En langue française
« Jeux et enjeux, la boîte à outils de l'improvisation théâtrale »
De Mark JANE / DIXIT

« Improvisation théâtrale, la fabuleuse science de l'imprévu »
De Nabla LEVISTE / l'harmattan

« Impro, improvisation et théâtre »
de Keith JOHNSTONE / Ipanema

« Impro I et II »
De Robert GRAVEL et Jan-Marc LAVERGNE/ LENEAC

« Manuel d'improvisation théâtrale » et
« 300 exercices d'improvisation et d'exploration théâtrale »
De Christophe TOURNIER / L'eau vive

« Improviser ne s'improvise pas »
De Alain KNAPP / Acte Sud

En langue anglaise
« Impro for storyteller »
de Keith JOHNSTONE / Ipanema

« How to improvise a Full-Length Play »
De Kenn ADAMS / Allworth press

« A Subversive's Guide to Improvisation »
De David RAZOWSKY / Amazon

« Improvise »
De Mick NAPIER / Heinemann drama

« The improv illusionist »
De David RAITT / Methen Drama

« Improvise freely »
De Patti Styles / Big toast entertainment

Sur le match d'impro
« Trente ans de matchs d'impro »
De Stéphane VOLLE / Éditions du halage

« Le match d'improvisation théâtrale »
De Jean-Baptiste CHAUVIN / ImproFrance

Sur le travail de l'acteur
« Livre des exercices à l'usage des acteurs »
De Patrick Pezin / L'entretemps

« La construction du personnage »
De Constantin STANISLAVSKI / Pygmalion

« La formation de l'acteur »
De Constantin STANISLAVSKI / Petite bibliothèque Payot

« Être acteur »
De Michael CHEKHOV / Pygmalion

Sur la construction d'histoire
« Le guide du scénariste »
De Christopher VOGLER / DIXIT

« STORY »
De Robert MCKEE / DIXIT

« Anatomie du scénario »
De John TRUBY / Michel Lafon

« Morphologie du conte »
De Vladimir PROPP / Éditions du seuil

« Les 36 situations dramatiques »
De Georges POLTI /autoediteur.com

« 20 Master Plots and How to Build Them »
De Ronal B. TOBIAS / Penguin publishing group

« La force de l'acteur »
D'Ivana CHUBBUK / Carlos THIONS

Et beaucoup d'autres livres à retrouver sur ma page Facebook :
« La bibliothèque de l'improvisation théâtrale »

Un magazine à lire en ligne :
Status : un mensuel qui traite notamment de l'actualité de l'impro dans le monde.

Deux chaînes YouTube à suivre :
Canal Impro : pour regarder les spectacles du festival Impro en Seine.
Improviews : pour découvrir des interviews et des parcours d'artistes

Des podcasts à écouter :

De nombreux podcasts naissent chaque jour. J'essaie de les répertorier sur la page Facebook « Les podcasts de l'improvisation théâtrale »

Mes blogs préférés en langue anglaise :

Improvdr.com / Le blog de Will Hines (Improv nonsense)
Le blog de Jimmy carrane (Improv nerds)

Index des séries et films cités :

After earth
Un film de M.Night SHYAMALAN

Armageddon
Un film de Michael BAY

Breaking bad
Une série de Vince GILLIGHAN

Deadpool
Un film de Shawn LEVY

Retour vers le futur
Un film de Robert ZEMECKIS

Rocky
Un film de John G.ALDVISEN

La trilogie « Indiana Jones »
De Steven SPIELBERG

Faisons connaissance

 C'est en 1997 que je mets les pieds sur scène pour la première fois. J'interprète alors « Peer Gynt » d'Ibsen.

Depuis, l'envie de jouer ne m'a jamais lâché. Je joue Méphisto dans « Faust » de Goethe ou encore Mackie le surineur dans « l'Opéra de quat'sous » de Brecht.

Pendant cette période, je participe également à quelques courts-métrages et fais de la figuration dans des films ou téléfilms.

Je découvre « l'improvisation de spectacle » en 2011. Jusqu'alors, j'avais toujours utilisé l'impro comme un outil pour créer et approfondir les personnages que j'allais incarner dans une pièce de théâtre. Je rencontre l'équipe d'Acapella Impro dans l'Eure, qui me fait vibrer et vivre des rencontres incroyables dans toute la France.

A partir de 2017, je décide de me former et de participer à des stages, (merci Mark Jane, Vincent Posé, Stéphane Mayer, Frédéric Pons, l'équipe du Smoking Sofa, Jeanne Chartier, Pierre de Brauer, Elena SERRA…) et deviens le coach de l'équipe.

Je suis également formateur pour adultes depuis 2009.

Sur Facebook, j'anime les pages :

> La bibliothèque de l'improvisation théâtrale
> La ludothèque de l'improvisation théâtrale
> Les podcasts de l'improvisation théâtrale

Je t'invite à me retrouver sur les réseaux sociaux et à échanger à propos de ce guide et de l'improvisation.

Et si tu le veux, prends-toi en photo avec le guide et tague-moi sur tes réseaux en me laissant un petit mot.

Mes contacts :
Instagram : @impro_rico

Facebook :
https://www.facebook.com/eric.rico.5815

Par mail : guideimpro@gmail.com

Crédit photo : @unclicphotographique

Il est vraiment temps de fermer ce guide et de donner à tes partenaires et au public ce qu'ils attendent :

De belles histoires,
De beaux échanges,
Une belle complicité,
De beaux spectacles,
De belles surprises !

Une dernière citation avant de nous quitter :

« *Si l'on sait exactement ce qu'on va faire, à quoi bon le faire ?* »

Pablo PICASSO